台灣的不成功轉型

民主化與經濟發展

瞿宛文

序 言

在現今台灣通行的說法中，民主轉型被認爲是台灣社會一項巨大的成就，然而民主轉型對於台灣的經濟發展有什麼樣的影響？照常理說，這應該是個大家都關心的問題，並且應該可以由此引發出諸多的研究，然而事實卻並非如此，相關的研究其實很少。因覺得檢視自身的發展經驗甚爲重要，並且這民主轉型的經驗應對於台灣之外地區也有可借鏡之處，同時這面向與筆者一向關注的台灣經濟發展密切相關，故多年前筆者曾爲此寫就一篇文章〈民主化與經濟發展：台灣發展型國家的不成功轉型〉（刊於《台灣社會研究季刊》，2011 年 9 月）。原是希望在本地也能引發進一步的討論與研究，然而雖然文章刊出後據說在網路上有些未必正面的評論，但是卻沒有得到正式的回應。

筆者於 2017 年初出版了一本寫了十多年的專書，《台灣戰後經濟發展的源起：後進發展的爲何與如何》。這本書涵蓋範圍廣泛，不過著重於探討戰後初期，並未涉及台灣 1970 年代以後的發展。因而出版後即有讀者詢問「那之後如何了？」不過因爲相關研究不足，筆者覺得自身缺乏足夠條件進行這關於「之後」的研究，但也當然期望這方面的研究能夠有所開展。

時至今日，相關的研究仍然甚少，然而台灣經濟發展明顯陷入困局，與此相關連，政治更是早已陷入黨派對立、內耗嚴重、社會

分化的局勢，兩岸關係也進入高危險階段。在激烈的政治選戰話語中，對於經濟發展的討論多停留在口號式的交詰，即使是對很基本的問題，如經濟是否深陷困局，困局的原因及因應的對策為何，都很難有具生產性的討論。

在此情況下，聯經出版公司發行人林載爵鼓勵筆者以原先的文章為基礎，將其擴大及更新成為一本小書，來檢討台灣民主轉型對經濟發展影響，為近年來台灣的不成功轉型做一紀錄，更是為了促進社會的自我反思，以及對此重要議題的討論。筆者也覺得這是一件值得做的事情，因而著手增補修訂。

此次改寫後內容篇幅增為三倍，前面新增部分為讀者整理 1990 年以前的發展，最後新增第五章以比較台灣與南韓的轉型經驗，此外除了全面更新資料之外，更是整理了近年來台灣經濟困局的各個層面，包括投資不振、資金過剩、升級滯後、薪資停滯，以及兩岸政治經濟的難局等，這困境主要源於發展策略錯誤及政策缺失，而這些政策失誤則與民主轉型密切相關，換言之，台灣的民主轉型並未能成功地維續台灣經濟的發展。

最後，要感謝林載爵發行人督促筆者撰寫此書，胡金倫總編輯付出的心力，助理孫雅瑄女士的協助，廖彥豪同學悉心校對並提供寶貴意見，劉碧珍教授對書稿給予了寶貴意見，尤其要感謝已年過九十的葉萬安先生，他詳讀書稿後在上面寫上了密密麻麻的眉批，並提供了諸多意見及相關統計數據與資料，對完成此書有很大的助益。外子鄭鴻生詳讀書稿數次，對本書的結構、論述的一致性與完整性、說明的清晰度，照例給予了犀利及具建設性的意見。

目　　次

圖表目次

一、經濟奇蹟為何不再？

在戰後初期，台灣經濟發展的成績斐然，在前三四十年中，經濟以每年接近 10% 的速度成長，成功地從農業社會進入了現代工業化社會。然而 1990 年代以來，台灣經濟不單增長速度放緩，並且從各種方面看來都可說進入了困局，尤其是進入新世紀以來投資不振、薪資停滯、景氣低迷，並且缺乏發展前景。2019 年 7 月初美國知名經濟學者泰勒・柯文（Tyler Cowen）應邀訪台，他旅行過百多個國家，而這是他時隔 30 年第二次訪台，他驚訝地發現「台北與 30 年前相比，幾乎沒什麼變化」，是他所知的「亞洲城市中，變化最小的」[1]。

曾被稱為奇蹟的台灣經濟為何會陷入困局？在這全球化變動不安的時代，原因應是多重的，一般的看法會是國家推動發展的能力已經大不如前了，而國家能力的衰退，主要源於全球化與民主化，這兩項都會減少國家政策的效力。由於，一則全球化的趨勢難擋，尤其是中國大陸的強勢崛起，再則民主化的影響是追求民主必須付出的代價。如此說來，就顯得外在的結構因素決定了一切，困局似乎不是台灣本身造成，因此除了怪罪外在因素之外，就不必也無從檢討「自身作為」的作用了？

1　陳虹宇（2019/7/15）。

　　這個說法合乎現實嗎？全球化與民主化是否使得全世界各個地區都同樣地難以招架？在台灣，1990 年代以來國家能力的衰退確實是有目共睹的現實，然而全球化的浪潮雖然影響全世界，各個地區因應全球化的方式，及因應的有效程度卻是有差別的。同樣的，各個地區民主化的歷程與影響，也都各自有所不同，甚至差異很大。換言之，全球化的影響要看當地如何因應而定，而民主化也沒有標準單一的版本，其實有很大的空間來檢討「自身作爲」的影響爲何，來評估自身因應全球化的有效性，以及民主化的影響。因此，只是一味地怪罪外在因素，既無助於理解現實，更無益於尋求解決方案來改善現實。相反的，本書就是認爲我們應該要檢討 1990 年代以來台灣的發展歷程，檢討民主化過程是否以及如何減弱了國家的能力，使得我們因應全球化不力，並且影響了台灣的經濟發展，期待能由此瞭解我們的經驗與處境，探尋未來努力的方向，這就是本書的目的。

　　認爲台灣及東亞過去發展的成績是依賴威權統治，因此民主化之後經濟增長就可能會有困難，並把經濟上的困難當作是追求民主必須付出的代價，這種通行的說法卻是缺乏根據的。基本上，民主化不必然會對經濟發展起什麼阻礙作用，若把歷史拉得遠一些，例如，歐美國家就是在經濟成長的同時，建設他們的政治制度，發展出了現今被落後地區當作典範的西方民主政治制度，民主化並未曾阻撓過西方的經濟發展。再例如，戰後的日本並非威權政體，但是它發展成績曾經極爲優異。下文將進一步說明，日本及東亞後進者，戰後初期成功的經濟發展是依靠國家成功地召喚人民共同爲現代化工程努力，單靠威權統治本身是無法達到這成果的，就如多數

落後地區多施行威權統治，卻都未能成功發展經濟。

這裡先讓我們回顧一下台灣經濟成長的成績以及變化的趨勢。上世紀七十八十年代，台灣與南韓、新加坡、香港四個經濟體，戰後經濟增長成績遠比其他後進地區優異，這四個發展的模範生就被稱為東亞四小龍。因而，若在此把台灣的增長紀錄與其他東亞小龍一起做比較，由於時代背景相似，就更容易掌握變化的趨勢。

人均 GDP 或人均所得是經濟發展的重要指標，代表著經濟發展的成果。圖 1.1 呈現了 1991 年至 2018 年來四小龍的人均 GDP 走勢，台灣從原排名第三轉居於末位，不單於 2003 年被南韓超過，並且與新加坡及香港的距離拉大。表 1.1 呈現了四小龍人均所得相對於美國的變化，也就是追趕上以美國為代表的先進國水準的成效。台灣人均所得在 1981 年僅為美國水準的 19%，至 1991 年十年內幾乎翻倍達 37%，於 1995 年更達到 46%，然而從此之後未能再有進展，不單未能進一步縮小距離，反而至今已落後至 40% 左右。南韓雖也經歷了從 1995 年高峰（43%）下跌至 2000 年的 33% 之經歷，但進入新世紀之後奮起，於 2018 年已達到 50%。新加坡也同樣曾經受到亞洲金融危機的衝擊，然而新世紀之後發展迅速，從 2011 年開始已趕上美國了。

表 1.2 列出了東亞四小龍與中國大陸近數十年來的年均經濟成長率及其他指標。在戰後發展初期，1961 年至 1990 年，東亞都以 8%～9% 接近一成的速度成長，並持續了三四十年，就如改革開放後的中國大陸也是如此。而從 1990 年代開始，四地都開始放緩腳步，到了新世紀之後增速更是益加緩慢。

在同樣外在因素衝擊之下，四地的表現並不一致。這三十年

圖 1.1　東亞四小龍人均 GDP，1991–2018（當期美元）

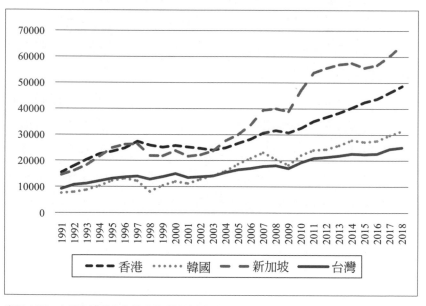

資料來源：台灣資料引自主計處總體統計資料庫；其他三地資料引自 World Bank 資料庫。

表 1.1　東亞四小龍人均 GDP 及相對美國的比例，1981-2018

	香港	韓國	新加坡	台灣	美國
人均 GDP（當期美元）					
1991	15,466	7,523	14,502	9,136	24,303
2018	48,717	31,363	64,582	25,026	62,606
人均 GDP 相對美國的比例					
1981	43%	13%	41%	19%	100%
1991	63%	31%	60%	37%	100%
1995	80%	43%	87%	46%	100%
2000	70%	33%	66%	41%	100%
2010	67%	46%	96%	40%	100%
2018	77%	50%	102%	40%	100%

資料來源：同圖 1.1。

表 1.2　東亞各地 GDP 年均成長率及投資占 GDP 比例，
1961-2017（%）

	台灣	南韓	新加坡	香港	中國大陸
GDP 年均成長率					
1961-1990	9.7	9.6	8.7	8.3	6.9
1991-2000	6.7	7.0	7.2	4.0	10.5
2001-2010	4.2	4.4	5.9	4.1	10.6
2011-2017	2.5	3.0	4.0	3.0	7.6
2001-2017	3.5	3.8	5.1	3.6	9.3
固定資本形成毛額占 GDP 比例					
2017/2018	21	30	27	21	43

資料來源：台灣資料取自主計處資料庫，其他地區資料取自 World Bank 資料庫。

來，香港的成長率大致在 3～4% 左右，它有其特殊的位置，在此暫且不論。而其他三地在 1990 年代仍能維持 6～7% 的增長率，但進入新世紀之後的近二十年來，新加坡的表現顯然最爲優異，它能夠在進入高度變動的新世紀後仍能維持 5% 的成長率，在高所得經濟體中可說是絕無僅有，並且如前述，其人均所得水準已超過了美國。而在四小龍中，台灣的成長率表現雖與其他的距離不大，但確實是居末位者。數十年來，南韓的表現雖然起伏較大，但累積起來成果仍清楚優於台灣，並且後來居上，其人均 GDP 至 2018 年已超出台灣 27%（本書第五章將詳細比較台韓的轉型）。

　　換言之，1990 年代以來四小龍的經濟成長速度都趨緩了，但是表現有相當差異。一般而言，皆認爲全球的大環境及結構性因素會是共同的影響因素。一則當四小龍的經濟成熟度增高、經濟基體擴大及人口增速下降之後，經濟增速必然會放慢；再則 1990 年代以後全球化加速，全球競爭加劇也會降低增速，中國大陸經濟快速的增長也帶來甚大影響。然而，四小龍的表現卻明顯有所差異。新加坡的表現顯然最爲優異，而南韓也後來居上，超越了台灣，並且新世紀以來，也只有台灣未能縮減人均所得與美國的距離。同時，可預見的是這成長動態上的差異性，很可能會持續。

　　單就經濟成長率及人均 GDP 的增長而言，台灣在四小龍中已居末位。然而，除此之外，再就「成長動能」的因素來看，則台灣與新加坡與南韓的差距就更爲顯著。新世紀以來，台灣的（以固定資本形成毛額爲代表的）投資年成長率接近於零，投資占 GDP 的比例僅二成左右，而新加坡與南韓的這兩組投資變數都持續維持在較高的水準，呈現出較大的投資動能，例如在 2018 年，固定資本

形成毛額占 GDP 比例，台灣、南韓與新加坡的數值分別爲 21%、30% 及 27%。再則，若以扣除固定資本消耗（相當於折舊）之後的固定資本形成淨額來觀察新增的投資，則差異更爲顯著，在 2017 年，台灣的固定資本形成淨額占 GDP 比例僅爲 4.9%，而南韓的數值爲 12%（詳見第五章表 5.3）。

這經濟表現上的差異，就不是共通的結構因素可以解釋的，換言之，全球化及人口老化等結構性因素都共同地影響著東亞四小龍，但不會是完全決定性的作用。

因此，我們必須來看政策的部分，長期與短期的經濟政策，主導政策規劃的發展策略計畫，以及政治對政策形成的影響。雖然環境會帶來客觀限制條件，但是事在人爲，各個經濟體「如何因應」環境與經濟變遷所帶來的挑戰，會有關鍵性影響。換句話說，新加坡與南韓九十年代以來的表現仍然較爲優異，正是因爲它們的政府能夠持續地展現出清楚的發展取向，不斷地維續經濟發展，並著力於推動前瞻性的發展計畫。而相反的，必須說台灣的經濟政策已大致上不再以發展爲先，發展取向大幅弱化，經濟政策品質大幅降低，也不再著力於前瞻性發展計畫。這變化是如何發生的？民主化與政治轉型當會影響政策，影響各經濟體「如何因應」挑戰的作爲與策略，因此台灣的民主化如何影響了經濟政策及經濟表現，將是我們要探討的問題。

數十年前，當東亞四小龍優異的經濟成長成績，引起全球各方的注意之際，國際社會科學界提出了「發展型國家」（developmental state）理論，來解釋東亞的經濟奇蹟。雖說不同的學派如自由市場學派並不贊同這說法，而認爲還是自由市場的力量帶來了東亞的增

圖 1.2　台灣經濟成長率，1981-2018（%）

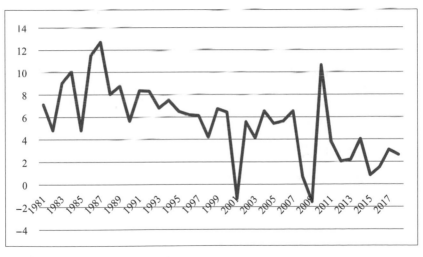

資料來源：主計處，總體統計資料庫。

長，居領導經濟發展政策的世界銀行，還爲此在 1993 年出版了一本書名爲《東亞奇蹟》的書，試圖對此爭論做出總結性評議。不過，發展型國家理論仍然持續有高度影響力，因爲這理論角度聚焦於國家能力，對於政策以及政策形成過程有清楚的解釋力，可以作爲理解社會「如何因應」挑戰的基礎，因此我們在此也將沿用這理論視野進行探討。

發展型國家理論源起於美國學者 Chalmers Johnson（1982）對於日本通產省模式的研究[2]，他以戰後通產省成功推動日本產業發展的模式，來解釋日本戰後至 1980 年代被認爲世界第一的經濟奇蹟，爲日本奇蹟提供了理論解釋，也是發展型國家理論的濫觴。隨後這理論也被用來解釋東亞經驗，認爲東亞戰後快速的經濟成長可歸因於各自發展型國家的角色與作用。

民主轉型是一個所有後進國家共同面對的挑戰，而台灣的案例應會告訴我們，一個經濟發展的模範生，它在轉型上面對的難題爲何、經驗爲何？我們要問的問題是，1990 年代以來，台灣民主化帶來的政治轉型，是否導致了原有「發展型國家」機制無以爲繼，因而導致經濟成長趨緩甚至衰弱？民主化會如何改變以往的發展型國家的運作模式，是否或如何妨礙經濟發展？再則，若屬實，則原因爲何，其是否爲民主化「必然的」結果？南韓的政治轉型是否不同？是否能解釋台韓在進入新世紀以來經濟表現上的差異？

2　參見 Johnson（1982），Evans（1995），Wade（1990），與 Woo-Cumings（1999）等。Chalmers Johnson（1982）一書曾於 1985 年由天下雜誌社出過繁體中文版，《推動日本奇蹟的手——通產省》，姜雪影、李定健譯，該版本用了作者的中文名字——詹鶼，但因爲此中文名字並未被廣泛運用，故本書仍沿用作者英文名字。

　　以下將先簡要地說明在戰後初期，發展型國家在台灣戰後快速發展中扮演了什麼樣的角色，以作爲之後討論台灣發展型國家如何轉型的立論基礎。

二、台灣戰後的發展型國家模式

　　本書主要是探討 1990 年代以來民主化對台灣經濟發展產生了什麼影響，為了回答這個問題，我們必須把焦點聚集在發展型國家的變化上，因為它是推動經濟發展的主要機制。因此，我們先要了解台灣戰後初期發展型國家如何形成，它如何推動經濟成長，配合的條件是什麼等等。然後，依據這早期的模式，就可以來探討 1990 年代以來這推動發展的機制到底發生了什麼樣的變化，而民主化又如何影響這變化過程。

　　如上章所提及，發展型國家絕非台灣獨有，一般認為在戰後初期東亞四小龍之中，除香港之外，台灣、南韓、新加坡都清楚的是發展型國家，並且由它成功推動了經濟發展。而除了東亞小龍之外，發展型國家的原型其實是日本，如前述，當 Johnson（1982）第一次提出發展型國家理論時，他是以日本戰後的通產省為典範，描述了通產省如何促進產業發展。他也探討通產省的傳承，就是日本菁英記取以往的失敗教訓，尤其是戰爭時期軍需省的經驗，而摸索出一種官方主導的官商合作模式。當然，眾所周知，日本從 19 世紀末期明治維新開始，國家就以富國強兵為目標，強力推動工業化及現代化，然而所採用的方式則持續變化；在此所討論的發展型國家，特別是指在戰後所採用的形式，之前演變的歷史過程在此無法多做討論。

　　Johnson（1982）是在國際學術界幫助日本理論化了它戰後成功發展的經驗，而在日本國內則有數本著名的小說是以通產省為背景，其中一部是作家城山三郎依據通產省的故事撰寫的《官僚之夏》，小說中一心一意推動產業發展的主角，就是以被尊稱為「通產省先生」的佐橋滋為範本，他也被稱為是「產業民族主義者」。這本小說具體呈現了戰後日本經濟官僚帶領社會努力復興國家的故事，在日本不單是暢銷書，更是兩次被改編為電視劇，在台灣也廣受關注。

　　新加坡則是獨立後，在李光耀領導下建立了舉世聞名的新加坡模式，而這也是一個發展型國家，有著極高效的文官體系，總是未雨綢繆式的、以前瞻性做法，引領著新加坡經濟持續的升級轉型。在李光耀過世後，這模式仍然繼續有效地在運作，因而如前述，新加坡在進入新世紀之後仍能有平均 5% 的經濟成長率。南韓的政治經濟的發展波折較多，然而從朴正熙開始，南韓也是以發展型國家模式大力推動經濟發展，雖然政治上的變動較為劇烈，不過不論是保守或改革派政黨執政，推動發展的政策機制持續運作著，這部分本書第五章將做較詳細討論。

㈠ 戰後日本通產省模式

　　根據 Johnson，日本發展型國家有以下特色：採取具有發展取向、計畫式的市場經濟，相對於蘇聯式僵硬的計畫經濟，他稱之為理性的計畫（plan rational）；以經濟民族主義為動力，以經濟發展來復興國家；由通產省擔任領航機構，施行產業政策來推動產業發展。而當時日本具備了相關的條件，其文官體制能讓通產省人事精

簡、有最好的管理人才，政治上又有足夠的空間，能有效地宣導新政策並予以執行，並依據市場規則進行干預，是一個適合日本當時國情的模式。

　　不過，Johnson 並不認為這模式源自日本文化本身，他發現其實是由日本菁英在戰後摸索出這成功的公私合作發展的模式，借鏡了以往失敗的經驗。日本在戰前曾採取過財閥主導的發展模式，卻帶來壟斷，而戰時的國家統制模式則僵硬而缺乏效率。因而戰後採取了折衷模式，官民協調，政府用產業政策干預且扶植私企，在戰後共體時艱的共識下共同奮鬥。Johnson 認為這是日本政府重新組合西方各種規章制度而成，是在經歷了自身過去的錯誤後的修正創造，並清楚瞭解到目標是要結合政府鼓勵發展的力量，與民間市場體制結合，而又不破壞市場的功能。他也指出南韓與台灣也各自發展出了發展型國家模式，與日本模式相似而不完全相同，但都成功地推動了經濟發展。他認為相較於西方同時期的「規則導向國家」（regulatory state），發展型國家模式具有較好的適應經濟變遷的能力，是日本與東亞對世界文化的貢獻。

　　Johnson 寫書時所想的是美國以及西方國家，如何從日本模式中尋得可借鏡之處。而如果轉換視野，將日本與東亞的模式與其他後進國家做比較，就更可以看到這模式的特殊意涵。換言之，對於亟需發展經濟推動現代化的後進地區而言，更需要參照發展型國家模式推動經濟發展的效力。

　　有很多學者研究比較拉丁美洲與東亞地區的發展經驗，想要瞭解為何拉丁美洲地區在戰後開高走低，未能持續地發展經濟。如果與上述的發展型國家模式做比較，就會發現諸多差異。首先，拉丁

美洲國家在經濟政策上多未能維持一致的發展取向，這或許顯示社
會整體並未能夠對追求整體性的、未來的經濟成長形成共識。社會
是否能認同「整體性」成長目標甚爲重要，因爲在推動發展政策
時，常意味著暫時犧牲一些個別的、短期的、既得的利益，若眾人
對整體國家的認同度較高，那政策就較容易形成、較容易推動。也
就是說，拉美國家的內部整合度較低，經濟民族主義的動力較弱，
較缺乏一致推動整體成長的動力與共識。

　　此外，像日本通產省這樣的領航機構要能得到政治上的授權，
得到執政者較長期的、堅定的支持，如此發展政策才能有較長期的、
前瞻性的規劃，並且在政策協調上發展考量才能得到優先位置。

　　再則，是否存在一個有能力、有專業、有自主性的官僚體制也
甚爲關鍵。因爲在現實上，後進地區中政府用公權力干預市場是普
遍的作爲，但是有些干預可能是爲了私利而不是爲了整體發展，而
有時即使政策的用意良好，也未必能夠有好的結果。也就是說，政
府要能干預市場、與民間市場體制結合，鼓勵發展的力量，而又仍
讓市場機制發揮功能，這是一個高難度的要求，不單是要先存在一
個有能力、有動力的官僚體系，更也要求官僚體系能與民間高度合
作，能取得資訊，又保持自主性不受既得利益左右，即所謂的「鑲
嵌自主性」[3]。既然這明顯是高難度的要求，也難怪能藉此模式持續
推動成長的後進地區不多。

　　然而，發展型國家的成功是否必須依賴威權統治的配合？在日
本之後出現的南韓與台灣的案例，更是引發了這個問題，尤其因爲

3　參見 Evans（1995）。

這兩地在發展成功後都經歷了民主化轉型。如何看待這個問題？首先，發展型國家的原型日本在戰後已發展出民主制度，並不被認為是威權政體，因此它本身就是一個有力的反證，就是日本這發展型國家並不依賴威權統治。再則，在後進地區，威權統治是普遍的模式，但是發展型國家卻是其中極少數的例外。對這問題，Johnson 給出了清晰的回答，他認為發展型國家與威權統治無關，威權統治本身無法感召社會，無法帶來正當性，而發展型國家所依賴的是召喚人民共同為「現代化計畫」奮鬥，為此共同目標做出暫時的犧牲，而政權的正當性將來自現代化的成果。同時依據這說法，台灣與南韓的政治轉型，不必然會使得原有的發展型國家機制失去效力，而是要看實際上民主化帶來什麼樣的改變，尤其是對原來的「現代化計畫」，而這正是我們要探討的對象。

㈡ 戰後初期台灣經濟的危機

現在且讓我們回到台灣的案例，回到台灣戰後初期，依據上述對發展型國家的討論架構，來理解此時台灣的發展型國家是如何形成的，如何促進了經濟快速成長。

首先，讓我們了解一下台灣戰後初期，當日本殖民者於 1945 年戰敗必須撤出時台灣經濟的狀況。若從人均所得來衡量，台灣在 1950 年的實質人均所得只達到當時世界平均值的 43%，仍然是一個相對貧窮落後的農業社會。而在半個多世紀之後的 2008 年，台灣人均所得成長了 22.8 倍，達到世界均值的 2.75 倍，而這增長倍數與南韓不相上下，台韓可說同列戰後成績最優異的後進經濟體。

日本殖民統治台灣五十年，在撤離時到底留下了一個什麼樣的

經濟體？答案恐怕是複雜的。日本的殖民統治確實幫助奠立了台灣現代化的一些基礎，但是在 1945 年之前，台灣經濟仍然是依賴米糖出口的一個典型的「殖民地經濟」，並且高度依靠受保護的日本市場。日本殖民政府不單效率高也推動現代化，只是它的政策目標就是「農業台灣，工業日本」，它推動的現代工業主要是製糖業與軍需工業，也是日資爲主的「飛地」。一般而言，如果外國先進企業到落後地區投資設立工廠，其企業的主要部分，包括資本、管理與技術人力，都由外國人擔任，只由本地提供非技術勞力，則整個企業與當地的聯繫非常有限，這種情況被稱爲飛地。因爲日本殖民者的目標是維持統治並扶植日本資本，並沒有要推動本地的工業化與扶植本地資本的發展，因此它也沒有刻意培育技術、管理、政策規劃方面的本地人才。換言之，日本殖民者雖帶來了殖民現代化，但卻無意扶植本地的工業與資本，而結果也確實是如此。

　　典型殖民地經濟的特徵就是主要依賴出口少數幾項農業或礦業產品維生，就如日本殖民台灣是以出口米糖爲主的唯二作物型態。只是台灣農業並非由一般西方殖民式的大型種植園爲之，而仍是以中國傳統的地主經濟制度爲主。圖 2.1 呈現了 1897 年至 1970 年近百年來在台灣總出口中米與糖所占的比例，清楚顯現了日本殖民政策的影響，就是從 1910 年開始，糖成爲台灣出口的大宗，以至於到了 1945 年，台灣仍是以出口米糖爲主。幸運的是，由於戰後成功且快速的工業化，使得糖在台灣出口的占比，從 1950 年的 74%，到 1970 年已迅速地降至 3.1%。

　　這點值得一再強調，因爲對於多數後進地區而言，如何脫離殖民經濟影響是極大的挑戰。殖民地原先多爲自給自足的傳統經濟

圖 2.1　米糖在台灣出口中所占比例，1897-1970（%）

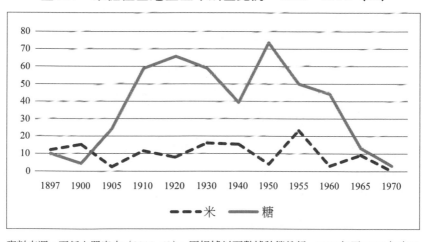

資料來源：更新自瞿宛文（2017: 68），原根據以下數據計算份額。1897 年至 1943 年出口
　　　　　值引自《台灣省五十一年來統計提要》，台灣省行政長官公署統計室編，1946
　　　　　年，頁 944-945； 1950 年至 1954 年資料引自《自由中國之工業》，歷年；1955
　　　　　年之後引自 Taiwan Statistical Data Book, 1987，頁 227。

體，而西方殖民者多迫使殖民地變爲是生產大宗商品以供應西方市場的經濟體。大宗商品主要分三種，能源（石油、天然氣等）、金屬（黃金、白銀、銅等）與農產品（大豆、小麥、棉花等），至今則多有國際交易所進行現貨與期貨買賣。如果後進地區在取得政治上的獨立後無法成功地工業化，則最關鍵的「殖民影響」——經濟依賴大宗商品出口——就會持續發生作用。再則，因爲生產以出口爲主，糧食供給上可能高度依賴進口，一旦當地的大宗商品的生產、價格與出口收入發生問題，則可能糧食供給也會出現困難。不幸的是，至今在全球，這現象依舊普遍，多數後進國仍依靠出口大宗商品維生，就如在殖民時代一般。

　　依據聯合國貿易與發展會議（UNCTAD）2019 年所出版的《大宗商品依賴度報告》（State of Commodity Dependence Report），在 2013 年至 2017 年間，在 189 個國家中，有 102 個國家（54%）大宗商品占總出口值的比例超過 60%，被界定爲依賴國，發展趨勢是依賴國的數目仍在增加中。例如在此期間，巴西出口依賴大宗商品的比例爲 63%，其中 40% 爲農產品；古巴的比例爲 57%，其中 39% 爲農產品，主要是糖與煙；希臘在經歷金融危機之後，該比例也升至 64%，其中 34% 爲能源；印尼的比例爲 58%，其中農產品與能源近乎各半；奈及利亞的出口 93% 爲能源。該報告也發現，依賴國多爲食物淨進口國，依賴度越高，可能越貧窮，越是依賴進口食物。這樣的殖民經濟，不單當地創造的附加價值低，缺乏發展前景，並且被高度波動的大宗商品的國際價格所左右。

　　換言之，台灣有賴於戰後成功的工業化，得以扭轉「典型殖民地經濟」模式，克服了「殖民影響」最重要的部分，在前殖民地中

屬於極少數。

　　此外，作爲日本前殖民地，台灣另一個幸運之處在於日本勢力在戰後必須完全撤離，就是說，舊殖民母國因是戰敗國，在戰後無法如歐美列強一般，延續其在殖民地經濟的主導性地位。這有兩方面意涵，一來具有經濟優勢的日本企業撤出後，本土企業有了出頭的機會；再來，國民黨政府（以下簡稱國府）鼓勵本地資本發展，原先被壓制的本地經濟力量雖仍處於發軔階段，然此時得到空間得以大量釋出。因此台灣戰後第一代的工業資本家幾乎都是戰後新興者，並且是沒有工業經驗者[4]。總的說，日本殖民政府雖然建立了現代化的環境，但卻壓制本地力量的發展。國府則在逐步穩定秩序後開始積極推動本地的經濟發展，而在日本勢力撤離後，本地需要的規劃、管理與技術人才，則由大陸遷來的及本地培訓的人才逐步塡補。

　　然而，日本殖民政策所留下的米糖經濟仍是戰後發展上的一大挑戰。日本殖民策略要台灣供應米糖給日本市場，是爲了讓日本節省外匯，但是台灣米糖的生產在國際上其實缺乏競爭力。幸而在1945 年至 1949 年間有中國大陸市場替代日本市場，但是在 1949 年後，台灣的米糖再度失去了優惠的市場之後，就有了難以爲繼的困難，還有賴當時經建主事者尹仲容盡早赴日與盟軍談判，取得部分糖輸日的貿易協議。前面提到日本殖民時期工業主要是製糖與軍需，並未發展民生輕工業，較有利的遺產只有電力事業。雖然日本現代工業必然帶來了示範及外溢效果，台人在日資企業中的學習及

4　瞿宛文（2017：第七章）討論了台灣戰後初期民間資本的興起過程。

建立的網絡人脈，在日後多有深遠影響，但是這些影響在短期內並無助於填補日人撤離後的空缺。再則，當時傳統的地主制度仍然是社會的主體。因此，還是需要戰後國府推動的土地改革促使傳統地主經濟開始轉型，協助啟動台灣的工業化[5]。

除了米糖經濟問題之外，在戰後初期，台灣經濟實是百廢待舉。生產設施受到戰爭嚴重破壞，日本管理與技術人力撤離，米糖失去了日本市場，國府在接收上問題重重，國共內戰更傳來惡性通膨，種種皆造成台灣經濟的動盪與混亂。國府 1949 年遷台前後，包括軍隊等百萬多人口從大陸流入，外匯與物資高度稀缺，物價上漲壓力龐大，米糖出口又失去大陸市場，穩定及恢復經濟成為極嚴峻的挑戰。雖說 1950 年中韓戰的爆發，使得美國政府決定將國府納入保護傘下，給予軍事與經濟援助，然而美國仍擔心國府依然無能處理經濟事務，導致大陸時期經濟崩潰情況再度重演。

美國的援助當然也是戰後台灣能夠成功發展的重要因素。源於冷戰，美國對台灣提供了及時且很關鍵的援助；美國政治軍事上的介入，使得國民黨政府得以守住台灣；美國經濟上的援助，則對於台灣戰後初期經濟的穩定有極大助益。不過，這援助並不足以解釋台灣的經濟奇蹟。全球各地經驗顯示，美援不必然有幫助，只有在受援者合宜地利用美援的情況下，美援才會發揮積極正面的作用。即使是國民黨政府，它在大陸時期所得到的美援不可謂不龐大，但在國共內戰中也失敗的極為徹底。顯然被援助主體本身的作為仍然是關鍵因素。不過，新霸主美國基本上並不覬覦台灣本地的經濟利

---

5   關於台灣戰後初期農村土地改革的前因後果，請參照瞿宛文（2017：第三章）。

益，而是基於冷戰考量提供援助，還提供出口市場，並容忍國府保
護國內市場、抵拒外資控制及補貼出口等做法。

　　以上簡單的敘述呈現了戰後初期台灣經濟的面貌，1950 年前後
的台灣仍是一個依賴米糖的典型殖民地經濟，同時那是一個風雨飄
搖、政治與經濟危機不斷的局勢，而正是當時台灣經濟走上了發展
型國家的模式，引用美援及日殖遺產等因素為助力，採取了合宜的
做法，成功地因應了危機，並且開啓了戰後工業化的機制，建立了
持續推動經濟發展的經濟官僚組織與制度。底下且以上述日本通產
省模式為參照點，來理解在當時國民黨政府如何形成了這發展型國
家模式。

(三) 台灣戰後的發展型國家如何形成

　　簡要的說，就 Johnson 所列出的日本通產省模式的特點而言，
國府的經建官僚體制大致上是符合的：即採取具有發展取向、計畫
式的市場經濟；以救亡圖存的中華民族主義為動力，立意以經濟發
展來建設一個模範省以復興中華；領航機構的構成並不像通產省那
麼穩定，但是經過逐步演變，日後形成負責執行的經濟部與擔任規
劃的經濟建設委員會（經建會）等機構，而這些機構具有推動產業
發展的制度使命；這體制也是人事精簡，有最好的管理人才，同時
國府高層蔣中正與陳誠也充分授權，給予這些經建官僚相對自主的
空間，能有效地規劃及執行產業政策，在政策協調上給予發展優先
的位置。

　　就人才的來源而言，戰後通產省的人才具有高度延續性，日本
優秀的文官體制由來已久，而戰後統治日本的盟軍總部在追究戰爭

責任時，並沒有整肅日本政府的財經機構。因此經建官僚們檢討之前失敗的經驗，推出新的折衷性的、政商合作的產業政策方案。而就發展動力而言，日本不單在其發動的戰爭中以慘敗告終，並且戰後還由盟軍占領統治直至 1952 年，戰爭的破壞嚴重，可說百廢待舉，因此他們有極大的動力及共識復興日本的經濟，並且日本人民也高度支持這樣的努力。

　　相較而言，國府的經建官僚體系在組織上較無完整的延續性，不過仍有其傳承可循。當時經建事務的領軍者主要包括在大陸具有相關經驗的尹仲容、嚴家淦等，李國鼎與孫運璿等可說是他們的傳人，還有資源委員會（資委會）的人才的支持[6]。資委會是國府在抗戰之前的 1932 年，因應日本侵華的威脅而設立的機構，為了備戰而計畫興建軍事及重化工業；抗戰時期則為了戰後復產及興建工業做了諸多準備，培育了相關的人才與組織能力。1941 年底美國參戰後，資委會得以派人到美國受訓，並規劃戰後接收及建設。例如資委會來台接收台電公司的人員中，即包括擔任機電處長的孫運璿，而他正是資委會於 1942 年派往美國實習的第一批優秀人才之一。資委會強調專業化與企業化，吸收優秀理工人才，重點培育戰後工業化人才。也因此在日本戰敗後，中國才得以有實質上的能力去接收原在中國工業占據重要份額的日本企業，包括在台灣的日本現代工業企業。

　　戰後資委會來台接收重要日資企業，成立了十大公司，占在台日產工業三分之二。資委會派遣了大量技術管理人員來台，並立即

6　鄭友揆，程麟蓀，張傳洪（1991），瞿宛文（2017：第四、五章）。

培育本地人才，逐步承接了日本人留下的缺口。他們接收及復產成績相當好，對穩定秩序及日後發展至關重要。到了 1952 年左右，台灣產業已經恢復到日殖時期的生產水準。資委會大型工礦企業及其人才，同時在兩岸成了當時各自國營企業的基礎。台灣戰後前 15 位經濟部長，有 8 位來自資委會。

　　此外，就推動工業化的動力而言，尹仲容等人更是具有極強的動機。他們這些大陸培育的經建人才，繼承了百多年來救亡圖存的中華民族主義，他們親身經歷了艱苦的八年抗戰，國府在國共內戰中的慘敗，以及內戰後期國府經濟政策失敗及大陸經濟的崩潰。在大陸慘敗的經驗及遷台後危急的局勢，使得國府主政者有共識必須救亡圖存振興經濟、不能重蹈覆轍，並維持著高度的危機意識。在他們努力下，加上美援的協助，不到幾年內物價得以穩定，並在 1952 年使生產恢復到戰前水準。成為美援計畫的模範生。在後來 1998 年亞洲金融危機時台灣受波及較輕，因而《經濟學人》曾出專題（1998/11/5），探討台灣為何得以倖免，專題即是以「In Praise of Paranoia」（讚揚恐慌症）為名，認為國府因大陸時期經濟崩潰導致失敗的經驗，以至於戰後在台灣持續以戒慎恐懼的態度維持經濟成長，這「恐慌症」是台灣能經濟成績優異的原因。

　　今習以「經建官僚」稱呼尹仲容、李國鼎那一代開創台灣經濟發展局面的負責人，其實，應是將他們看作是傳統以經世為職志的知識份子。他們學習工程與財經，是因為認為救國以工業建設最為有效。他們不是為經濟發展而求發展，而是為了救亡圖存趕上西方而發展，故其實應以「以實業救國的儒官」來稱呼這一代「經建官僚」才更貼切。他們是那大時代下的產物，具有時代的使命感及發

展的願景。美國學者柯偉林（William Kirby）認爲這批來自中國各地的菁英人才，因爲在大陸時期已經及早爲戰後接收復產及工業化計畫做準備，他們帶來的經建計畫能力，以及強大的動力是國府接收台灣時期最正面的資產[7]。

　　至於經建官僚體制的組織建構，如前述，日本通產省的組織架構雖在戰後曾經歷重整，但人力與組織制度大致穩定，且有其傳承。相較而言，戰後國府的經建官僚體制則在組織上的傳承並不完全延續，遷台後機構的組織經歷過多次的變動，不過無論組織如何變動，在初期負責經建事務的主要人物就是尹仲容、嚴家淦、李國鼎等人。就經建規劃單位言，從戰後初期省府的生產管理委員會，到 1952 年設立的行政院經濟安定委員會，以及其下尹仲容主導的負責產業政策的工業委員會，後又被併入美援會，又重組爲經合會及經濟設計委員會等，這些都是在 2014 年改組爲今日國家發展委員會的前身。至於負責經濟發展的執行單位，則是功能逐步加強的經濟部，包括其下屬的工業局、國際貿易局、投資處及技術處等單位。例如工業局於 1971 年正式設立，繼承了原來工業委員會推動產業發展的工作，其下設立各幾大類產業組，分別負責推動特定產業的發展。

　　至於經建官僚的能力，如前述，通產省人才源自日本優秀的文官體制，並且人員的經驗有延續性。而尹仲容等人雖在大陸有些規劃發展的經驗，但顯然沒有通產省人員延續性的傳承。不過，他們源於時代使命感的驅動，積極任事，務實掌握現實狀況，摸著石頭

7　Kirby（1990）。

過河，實驗性探尋解決問題的方法，並積極學習他國經驗，也能迅速累積組織性能力，建立施行產業政策的制度性做法，成功地推動了經濟發展，也開始界定未來的制度。

㈣ 用產業政策推動經濟發展

　　國府經建官僚體制帶動了台灣的經濟發展，其成果有目共睹。大致來說，它的工作可分為兩方面，一是一般性改善投資環境、排除投資障礙，一是具體推動產業發展與產業升級。簡單來說，就是先有一個產業發展的藍圖，這是先參考先進國家產業發展的軌跡，並考慮自身的發展條件與願景來逐步規劃，用產業政策來推動發展。

　　什麼是產業政策呢？相對照，自由市場學派主張政府不應該干預市場，認為產業會在其中自然發展出來；而發展型國家理論則與之相反，認為落後地區的市場制度發展不完善，需要政府進行強力的干預，以產業政策來推動現代工業化，並且幫助建立相關的各種市場。然而，政府的資源是有限的，當產業已經發展起來後，多只需要一般性的協助。政府主要的心力應運用在促進新興產業，尤其是門檻高、民間難以自行推動的新興產業，而這就是產業政策的主要工作。同時，因為經濟環境持續變化，產業變遷甚為迅速，領導性產業持續變化，產業升級壓力持續存在，因此在各個發展階段，都需要以產業政策為手段來促進產業及時升級。換言之，產業政策主要是由政府集中力量促進關鍵的新興產業，新的領導性產業；政府必須先決定在這個發展階段，計畫推動什麼新興產業，然後要用什麼樣的政策措施來推動。因為可參考自身已累積的能力，及先進

國家的發展經驗，並且多曾委請國際顧問公司進行研究，這樣的產業選擇並非沒有根據，但是困難在於政策的設計要能夠與時俱進，因時因地而設定，才有可能成功。因而，各階段要解決不同的問題，而每一次產業升級都需努力，都需不同做法及不同的產業政策，而選擇性扶植重要產業是其中關鍵因素。

就成果而言，在戰後台灣，產業政策成功地推動了數波的產業升級。首先是 1950 年代的紡織業，然後是在 1958 年進行了外匯貿易改革，將原先的進口替代政策架構，改爲出口導向的環境。在 1960 年代出口產業隨之迅速成長之時，又扶植出口產業的上游產業，即重化工業，石化業與鋼鐵業。從 1970 年代開始，目標則是進入新興的高科技產業。幸運的是，早年這幾波產業升級的努力大致都是成功的。不過，如下文將顯示，1990 年代以來，產業政策的力道與效力都明顯地下降，因而高科技業的產業升級乏力，而投資甚鉅的生技產業卻未見顯著成果。

隨著領導性產業持續變化，產業政策措施必須與時俱進，政策做法必須隨著整體環境、以及要扶植的產業之特性而變化。例如，石化業與鋼鐵業等重化工業，是由國營企業擔綱。扶植電子業時則改變做法，事先設立工業技術研究院（工研院），協助技術引進與開發、人才培育等。而在將工研院電子所的實驗工廠切割出來時，則爲了有較多的彈性，不再用公營企業的形式，選擇成立公有資本低於半數的非國有企業形式。並設立新竹科學園區，扶植創投產業等。聯華電子與台積電，就都是工研院電子所的衍生公司，是 1970 年代開始推動電子業的產業政策的成果，也就是戰後初期建立的發展型國家成績的一部份。

　　在此僅舉兩個案例，來說明台灣戰後初期產業政策模式是如何形成的。

　　第一個是 1950 年代扶植棉紡織業的案例。在當時，如何節省外匯，如何以進口替代方式扶植民生輕工業，成為啟動戰後工業化的立即目標。而之前已有上海紡織業者將一些紡紗錠遷移到台灣，但要如何扶植卻是眾說紛紜，初步的做法顯得混亂而成效不佳。當時經建事務主要負責人尹仲容遂提出「進口布不如進口紗，進口紗不如進口（棉）花」的政策方向，而當時正可利用美援進口棉花。他力排眾議推動了代紡代織政策，在 1951 年至 1953 年兩年內即達到了棉紡織品的自給自足。這個產業政策的成功也使得本地資本開始競相爭取進入紡織產業，而政策上也隨之逐步解除各種限制，讓市場自由競爭。因此紡織業培育了台灣第一批資本家如新光與台南幫等，也成為此階段台灣經濟的領導性產業；直到 1980 年代紡織業的地位才被電子業所取代。

　　這案例值得注意的是，當初「進口布不如進口紗，進口紗不如進口（棉）花」的政策，清楚地認定以上下游「整體產業發展」為目標，這在當時絕非共識。當時反對的理由多元，例如有些經濟學者依據自由貿易原則主張進口日本棉紗，有些業者依據自身利益而反對，更有人懷疑台灣是否有能力全面發展紡織業的上下游。然而就是這清晰的發展願景，配合著合宜的做法，不單在短期內帶來紡織業的快速發展，更奠定了以後「極大化產業發展空間」的政策做法，對於當時建立產業政策的制度有重要影響，因而促進發展可說成為日後台灣經建體制的「制度使命」。

　　但要同時扶植上游的紡紗業與下游的織布業並不是容易的事，

因為上下游產業之間同時存在著共同利益與衝突。而當時尹仲容等主事者摸索出一套做法，就是在對上游產業提供貿易保護的同時，也對上游業者的價格、品質與保護期限做出限制，即上游產品價格超過國際價格 10 至 25% 或品質不合規格時，下游業者可以申請進口替代品，同時保護期限制在二至三年。

　　相較於同時期其他的落後地區，這案例有明顯的優越之處，一則政策以「整體發展」為目標是少見的，當時接受美援的地區很多，但只有台灣與南韓是以美援來進口棉花，而其他地區是用來進口棉紗與棉布。再則，保護有條件、有期限，是另一特點；多年後，當學者比較研究東亞與拉丁美洲發展經驗時，發現拉美國家的保護多是無條件、無期限的，因此難有好的成效[8]。

　　第二個案例是台積電的設立。到了今日 2019 年，台積電已經成為全球半導體產業的領軍企業，它也是台灣經濟的支柱企業，它的市值占台灣股市總值比例超過二成。而如前述，這重量級企業的產生是當時產業政策的產物。1970 年代開始，孫運璿與李國鼎等人基於對「20 年後台灣的新興產業在哪裡」的憂慮，開始推動高科技產業，為此於 1973 年設立了工研院，引進美國 RCA 技術，並持續推動半導體計畫。1980 年成立的聯華電子及 1987 年成立的台積電，都是這多年期半導體計畫的成果。不過，除了這些正式推動計畫的管道之外，還有很多非正式管道的個人努力。正如張忠謀曾說到：「沒有李國鼎，就沒有台積電」。[9] 在張忠謀終於被說動離開美

8　Amsden（2001）。

9　陳良榕（2019/6/4）。

國到台灣擔任工研院院長後，兩星期後李國鼎就找他商談設立一家大型積體電路製造公司的計畫，之後在台積電設立過程中，李國鼎也是一路擔任「問題解決者」的角色，甚至包括親自打電話給台積電大股東飛利浦的董事長，請他同意讓台積電自己蓋廠。

　　這兩個案例應可作為台灣戰後初期發展型國家的典範，它們也都符合 Johnson 所提出的通產省特色，就是經建體制以發展為其制度使命，施行符合市場規律的合理計畫，以復興中華為終極目標持續推動產業升級。以下就讓我們來看，從 1980 年代後期展開的民主化過程中，這模式將經歷什麼樣的變化。

三、1980 年代
發展模式所面臨的轉型壓力

　　上一章介紹了台灣戰後初期經濟上的危機，以及其後工業化如何得以啓動，開啓了繼續數十多年的快速經濟成長。而在這歷程中，實有賴於發展型國家所發揮的作用，持續解決發展上各階段的問題，不斷推動產業的升級。

　　如前述，經濟發展意味著不斷的變化，戰後工業化初期先發展初級的民生工業，如紡織業；再扶植中等技術、資本密集度較高的產業，如石化業與鋼鐵業；再試圖進入技術密集的產業，如半導體產業。換句話說，經濟環境變遷迅速，領導產業部門持續變遷，產業升級的壓力一直存在。值得慶幸的是，在台灣戰後前三十年，每一次產業政策都能與時俱進，以不同的方式適應新的挑戰。

　　如歷史一再地證明，任何成功的模式只能適用於一個經濟體的一個發展階段。舊有的發展模式在新的時代條件下必須改變，則稱之爲「轉型」。例如，戰後日本的通產省模式甚爲著名，該省成功的運用產業政策，使得日本經濟力量到了 1980 年代達到巔峰，被稱爲世界第一[10]，但之後日本轉型失敗，以至於處於停滯不前的困境。這是因爲一個發展模式的成功，必然帶來經濟社會重大的改變，並

10　Johnson (1982).

會將經濟體推進到下一個發展階段去；而下一個階段，就會需要新的不同的發展模式與之配合。隨著經濟發展階段的演變推進，不單是產業政策必須不斷推動產業的發展與升級，整體的發展模式也必須改變。

　　台灣到了 1980 年代，以往的成功已經有相當的累積，以至於帶來了經濟、社會與政治層面廣泛深遠的質變，在在要求整體發展模式進行一次較大規模的變革。我們且將到此為止的模式稱之為「戰後初期發展模式」，這模式是由發展型國家負責推動。這發展模式的特徵包括：以經濟發展為優先目標，較配合中級工業化階段，匯率穩定而且被低估，以內銷貼補外銷，保護國內市場，農業支持工業以維持工資穩定等。

　　換言之，上述的從戰亂與危機中發展出來的台灣發展型國家運作模式，到了 1980 年代也面臨了必須轉型的壓力，而在這轉型過程中，以往以發展為優先的執政理念與運作模式，將會如何轉變，在多少程度上仍能維持其有效推動經濟發展的作用？發展型國家模式是否能成功轉型？經濟官僚體制能否如以往一樣專業自主地推動發展？這將是以下討論的重心，在討論轉型之前，先在此探討一下1980 年代轉型的壓力如何顯現與帶來何種挑戰。

㈠ **1980 年代發展模式轉型的壓力累積**[11]

　　從1980 年代開始，以往發展的成功所帶來的要求改變的壓力，處處湧現，原有的「一切為出口」的發展模式，處處呈現出其已走

11　此部分討論參考中華經濟研究院（1999），葉萬安（2019）。

到盡頭而必須轉型的徵兆（附錄中的附表 1 與 2 呈現了近六十年來的重要經濟指標）。例如，在 1980 年之前，台灣的對外貿易大致上處於平衡狀態，1974 年第一次石油危機造成的貿易赤字，由其他年的順差所彌補，平均起來出超占出口的比例約 4.7%。但從 1980 年開始，貿易順差開始快速增長，呈現持續擴大的趨勢（見圖 3.1），以至於 1980 年代的出超占出口比例的平均大幅攀升至 24%。事後來看，這清楚顯示壓低外匯匯率、補貼出口以及保護國內市場的政策，因為其政策的成功，到了那時刻反而必須改弦更張。

與出口導向政策相配合的，是內銷貼補外銷，是保護國內市場的政策，這包含了對較弱勢的服務產業的保護，也包括國府偏離發展考量，而依據政治考量分配國內壟斷利益的層面。當然，這政策明顯壓抑國內需求以及國內消費者的利益，隨著所得的成長，消費者希望在商品消費上分享發展成果的要求，也日趨強烈。也是大約從 1980 年開始，這些低度發展的國內產業（尤其是服務業）開始騷動不安。相對於生產力突飛猛進的出口製造業而言，受保護的服務業處於相對落後的狀態。隨著台灣經濟社會的發展，整體所得已大幅提高，生產者及消費者對服務業的需求，在質量要求上也隨著大幅提升。外資對此市場的興趣也日漸升高，要求進入的壓力日增。因此，在 1980 年代後期全面開放市場之前，已有一些局部性的開放，如廣告業及速食業（如麥當勞）等，並且有立即的影響，因而從此之後，外商在台灣廣告業持續占據主導地位。

同時，因為匯率持續低估及國內市場尚待開放，國內消費的增速放緩並低於生產的增速，使得超額儲蓄開始大幅累積，呈現在不斷增加的貿易順差與外匯存底上。超額儲蓄是國民所得中除去消費

圖 **3.1**　**台灣歷年對外貿易餘額，1952–2017（億美元）**

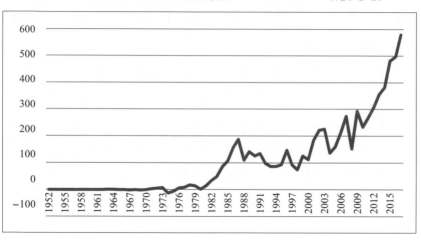

資料來源：Taiwan Statistical Data Book，歷年。

與投資之後的剩餘，超額儲蓄率到了 1984 年已攀升至 11%，至 1986 年更高達 20%，在 1987 年匯率升值後，1988 年始降至 7.7%（參見第四章圖 4.5）。這也顯現當時匯率顯然被低估，確實應做調整。

　　戰後前三十年的推動發展的模式中，發展最完整也最有成效的，是推動製造業發展及逐步升級的政策架構。這模式依據歐美日先進國既有的工業發展途徑，來規劃工業化的階段發展，有清楚的藍圖可以作爲規劃的依據。而初級工業化一旦達成，就進入另一個階段，要開始規劃一個比較成熟、比較平衡的經濟體，要脫離以往的不計代價啓動工業化的階段，但是這進階的藍圖比較複雜而不明確。

　　亦即此時，對於受保護而相對落後的服務業，政府並無規劃藍圖，因而對如何開放、如何促進升級，缺乏願景與具體方案。之所以如此的原因包括：服務業類別極爲龐雜且異質性高，如金融、運輸、通訊服務、量販等較受矚目的服務產業，在產業特性上相當不同，並且分別屬於不同的主管部門，不似製造業多是專門由經濟部等經建機構管理，並已建立完整管理架構；此方面也缺乏成規可循；在當時很多部門牽涉到特權分配，不易處理；銀行原來多是公營，若要開放則牽涉到金融管制及政策工具的減少，也事關公營行庫是否私有化的問題，茲事體大也是不易處理。經建官僚對於如何促進製造產業加入國際市場競爭，提高生產力，已有一套成熟有效的做法，但是對推動服務業則尚無完整方案，同時國內市場的治理牽涉到政治利益分配，也非其所長。

　　此刻牽涉到要對一直被壓抑的各個層面開始逐步放鬆管制，則需要一套新的整體性的前瞻性的藍圖與願景，這部分在當時並不清

楚。同時，任何機構都會有制度惰性，一旦要放鬆管制，則過去這麼成功的發展模式，就可能會成為包袱。再則，國府在大陸慘敗退守台灣之後的強烈危機意識的傳承，也使得它對於「放手」會多方猶豫。

此外，除了對民主運動的壓制之外，這戰後初期推動發展的模式也一直包含對各種社會運動的壓制。例如，雖說實質工資確實隨著整體經濟的發展，而呈現持續成長的趨勢，但是隨著產業工人隊伍的成長，到了 1970 年代，工廠勞工的抗爭行為開始日漸增加，而政府則持續極力的予以壓制[12]。發展優先的模式也意味著，對工業化所帶來的污染及其他環境相關問題的忽視，尤其是政府從 1960 年開始，就推動農村工業化，在農村設立工業區，雖然達到提高農民非農所得的效果，但也將工業污染很早就帶到農村。戰敗的經驗雖使得國府痛下決心在 1950 年代全面進行農村土地改革，推進了工業化且奠立了均富發展的基礎，但在農村土地改革過程中，國府為了安撫地主階層及以地主為主的本土政治菁英，並未徵收都市計畫內的出租耕地，為農村地主預留了轉戰都市土地的空間，卻未能及時同步地推出必要的都市土地規劃方案。以至於日後，隨著經濟與都市化快速地發展，相關的都市土地規劃則高度滯後，帶來嚴重的後續問題，幾乎完全無法做到漲價歸公[13]。

因此，1980 年代是一個轉型壓力日增，問題不斷累積，也不斷被討論，但整體性轉型方案遲遲未出現的時期。例如 1985 年召開

12　陳信行（2010）。

13　廖彥豪、瞿宛文（2015），廖彥豪（2013）。

了經濟革新委員會，提出自由化、國際化等改革訴求，不過開放國
內特許市場的自由化建議眞正得以實現的並不多[14]。這也伴隨著政
治面的變遷，即政治強人年高體弱，無法如以往以強力的政治意志
來主導及協調整體的發展政策。而這個年代卻正是需要高層來協調
各方利益，決定轉型方向的時刻。

　　既然諸多的策略規劃研究無法匯聚共識，也沒有高層來強力主
導轉型，因此在經濟事務方面的轉型，基本就成爲一個被動的因應
過程。最爲突顯的現象是因台灣對美國的貿易順差不斷升高，導致
美國施壓，要求開放市場。不過，台灣在這方面並不孤單，還有日
韓與之爲伍，共同受到美國所施加的強大壓力，被要求匯率升值並
全面開放市場，因而東亞各國共同開始進入被迫轉型的階段。1985
年美國主導簽訂廣場協定，日本被迫領先讓日幣升值，並開始啓動
國內外市場自由化的過程。台灣南韓則是隨後從1986年開始這過程。

　　當然，除了外在來自美國的壓力之外，經濟本身的因素及市場
的力量，更是迫使東亞發展型國家開始進行轉型的主要原因。到了
1980 年代後期，超額儲蓄持續快速累積，多年的貿易順差造成外匯
存底不斷增加，使得熱錢大量湧入，貨幣供給快速增長，內部資產
市場不斷加溫，房地產及股市進入狂飆狀態。在台灣私人企業要求
開放特許市場的呼聲，也配合著美國要求開放市場的壓力，伴隨著
民主運動的興起，而達到巔峰。

14　朱雲鵬（1999），葉萬安（2019）。

㈡ **1980 年代後期開始的經濟轉型**

因此，台灣是在 1980 年代後期開始進行經濟大轉型。外匯改革方面包括台幣從 1986 年開始對美元升值（見圖 3.2），次年大幅放寬資本管制並降低外匯管制。同時對外貿易體制也開始全面放寬管制，大幅降低關稅（平均名目關稅稅率從 1984 年的三成，到 1997 年已降至一成），並減少非關稅貿易障礙，降低進口管制，解除一些公營企業獨家進口權，並逐步減少出口退稅[15]。

另一重大變化是國內市場的自由化，即特許市場的開放[16]。在 1980 年代以前，一些行業包括金融、交通運輸、媒體等行業，禁止新設公司，擁有限量執照的業者即是市場的寡占壟斷者。到了 1987 年，政治上民主運動熱度不斷升高，經濟上則因放寬進口限制、匯率升值熱錢流入、資產價格上漲以及地下投資公司非法集資等各種變化帶來不安。在此情況下，當年 7 月，蔣經國總統宣布解除戰後已實施了近四十年的戒嚴令。隨即情況急轉直下，在同年下半年內，在美國壓力下，財政部宣布將於兩年後開放美國保險公司來台，開啟了台灣金融市場對外（後來也對內）開放之門；同時在民意代表爭相施壓下，開始了逐步開放特許行業的過程。此外 10 月間行政院公布赴大陸探親辦法，開啟了隔絕多年的兩岸交流，是另一項重大的政策改變。兩年後行政院也開始推動公營事業民營化。在特許市場開放中，最重要的部分是現代服務業的部分，主要包括金融業、

15　陳添枝（1999）。

16　朱雲鵬（1999），瞿宛文與洪嘉瑜（2002）。此時起計有 38 種特許業務的開放。

圖 3.2　新台幣兌美元匯率，1960-2018（新台幣元）

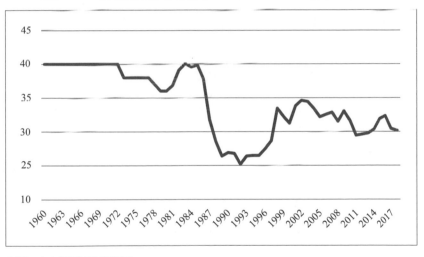

來源：中央銀行統計資訊網。

電信服務業、運輸業及傳播業，這些行業的逐步開放則是 1990 年代初期的重頭戲了。如 1992 年增設 15 家新銀行，1995 年後新設十多家票券金融公司，1994 年起開放有線電視，1995 年開放設立民營電廠，1996 年開放行動電話服務業等。

　　總之，這與以往局部產業升級不同，這是一個發展模式的重大轉變，是一個巨大的轉型工程，同時經濟發展模式的轉型也配合著政治及社會方面的轉型。在經濟事務方面，這牽涉到從過去一切爲發展、出口最優先的模式，轉變到出口與內需市場較爲平衡發展的模式，牽涉到外匯、外貿、資本流動、國內市場管制等各層面的大變革。雖然這變革的大方向是在預期之中，但實際上，是在外部美國持續施壓，國內私部門配合著民主運動不斷抗爭遊說，外匯存底累積帶來的後續效應持續擴大，各種事件層出不窮之下，轉型的步伐才一步步邁出。

　　除了「純」經濟事務層面之外，政策模式的轉型還必須包含其他層面。如前述，戰後初期發展優先的模式，包括了對異議份子的鎮壓，以及對各種社會運動的壓制，包括勞工、學生、婦女及環保運動等。在 1987 年解嚴之後，這些各方面的社會運動，在被壓抑多年後，如水閘門突然開啓般洶湧而出。從那時候起至今，這些運動都陸續對經濟政策帶來不小的衝擊。

　　這些都在在牽涉到發展導向政策的調整。在戰後初期社會仍較爲貧窮，社會對發展的共識程度較高，各種矛盾似乎都可以暫時被壓抑，經濟政策可以以發展爲最主要目標，在協調上比較容易。如今，一旦各種社會矛盾出現，經濟政策就必須擴大目標兼容並蓄，才能使得政策具有可行性及有效性，但這不是一件容易的工作。既

有的經建政策體制，發展模式在此方面的轉型，不單過程崎嶇，成
果也不理想。

四、發展模式的不成功轉型

　　如前述，在 1980 年代，正是源於經濟發展的成功，各種經濟、社會與政治的壓力持續累積，要求既有的發展模式必須轉型。本書主要關切在於瞭解民主化對於經濟發展的影響，而要如何評估這「影響」並非易事。經濟發展的績效當可被評價，然而影響最終經濟成長的因素甚多，而政治轉型當只是其中之一。不過，就如前文討論所顯示，政府的各種政策作爲仍會是關鍵因素，因此，本章將繼續聚焦於「推動發展的模式」的轉變，也就是既有的發展型國家在方方面面的作爲上的變化，並由此角度探討政治轉型對這方面政策形成的影響。

　　在開始探討之前，先再簡單陳述一下解嚴後三十多年來，台灣經濟成長的成績。如前述，在 1990 年代之前，東亞四小龍皆以近一成的速度成長，而之後增長開始放緩，新世紀之後增速益加緩慢。一般皆認爲大環境及結構性因素共同帶來影響，經濟增速必然會放慢。然而，在四小龍中，台灣的表現清楚居於末位。新加坡的表現顯然最爲優異，而南韓的表現雖然起伏大，但成果仍清楚優於台灣，並且後來居上超過台灣。再則，就「成長動能」因素來看則台灣與其他兩者的差距更爲顯著。新世紀以來台灣的投資年成長率接近於零，就投資占 GDP 的比例而言，2018 年台灣只有 21%，而新加坡與南韓則分別達 27% 與 30%，呈現較大的投資動能。更爲關鍵的是，

新加坡與南韓的發展型國家仍繼續運作，持續地展現出清楚的發展取向，不斷地著力於前瞻性發展計畫。而相較之下，台灣的政策方向大致不再具有發展取向，政策品質下降，也缺乏前瞻性發展計畫。

換言之，全球化與相同結構因素的共同作用除外，就發展型國家的轉型而言，台灣與新加坡及南韓的演變途徑顯然相異，因而有不同的結果，即新世紀以來台灣經濟表現已居末位，而如何演變至此，則是下文的主題。

㈠ 民主化與發展模式轉型的困難

發展優先政策轉型的困難，除了可以預期的制度惰性因素之外，也牽涉到政策協調的困難，即原先的決策原則除了發展之外，必須納入其他如環保等考量。因為這些其他來自社會運動的要求，都是屬於經建體制之外的範圍，牽涉到其他多個不同政府部會及不同政策目標，需要更高層次的政治意志介入來主導協調，而民主化的發展一方面有助於各方意見的表達溝通，但也使得這原本不易的工作變得益加困難。

在檢討經濟政策轉型的困難之前，本節先探討政治轉型的可能影響，以作為以下討論的背景。

國民黨自成立以來都是以代表全民利益自居，在台灣戰後初期的推動發展模式中，大致將發展導向的產業政策與政治酬庸性質的分配予以區隔，而這區隔也有助於維護產業政策部門的自主性。經建體制負責發展導向的產業政策，其目的是以促進整體發展為主，主要是促進出口產業的發展，而出口產業的優勝劣敗是由國際市場來決定，較不牽涉內部政治利益的分配。相對而言，受保護的國內

市場則常與政治利益分配相關；例如，國內都市土地規劃高度滯後，以至於工業區政策常牽涉地方土地利益的炒作，使得工業區的設置未必符合經濟理性，也導致區內土地閒置率常達五成左右；水泥、金融、運輸等特許市場執照的分配，多與地方利益分配有關；民意代表與地方政治人物，也長期分食公營事業例如菸酒公賣局等的相關採購與工程利益等。全球化與市場自由化則打破了這一布局，民主轉型更帶來重新洗牌的效應，黨派政治的演變使得文官體系的專業與中立程度受到嚴峻考驗，產業政策與內部資源分配這兩個不同政策領域間的區隔開始模糊。

　　一般而言，近三四十年來，後進地區的政治轉型曾被美國政治學者杭廷頓稱為第三波民主化[17]，但其模式並非一致，共同之處或可說包括挑戰既有的威權統治，或將英美的自由民主政治模式當作典範，但除此之外，各地的轉型路徑與成果則有很大的差異，倒退者也不在少數。

　　在台灣 1990 年代以來的政治轉型過程中，在民主化運動的推動下，台灣社會逐漸形成了一個新的社會主導性論述。雖然這論述缺乏足夠相關學術研究，卻深入人心，成為台灣解嚴以來主導論述。這論述將過去的國民黨的威權統治批評得近乎一無是處，在各方面都應是被「改革」的對象。雖說改革主要以否定威權統治為主要目標，改革的具體內容並未被清楚界定，但無礙於「改革」本身得到很高的道德正當性，更成為一代青年無庸置疑的理想。就如在上世紀二十年代，在國共合作的大革命時代，「革命」取得道德正當性，

17　Huntington（1991）。

「反革命」不單不正當甚至成為刑法罪行。基於類似的邏輯，台灣在民主轉型以來「反改革」也成為無法辯解的不道德。

這主導性論述將國民黨本質性地定位為一外來的獨裁政權。在經濟方面，國民黨政權在經濟發展中的角色不受肯定，因而如前述，台灣戰後經濟成長多被歸功於別的因素，如日本殖民統治，美國的協助，或人民自身的努力。近來或為了與中國因素抗衡，日本殖民遺產的角色更被突出強調。換言之，因為不能肯定國府在經濟發展上的成績（其治理成績最好的一部分），因此也不能肯定發展型國家模式，以及產業政策的角色。對國民黨威權統治的否定，導致了對發展型國家經濟政策的否定，因而也給予新自由主義發展的空間，同時也使得社會無從討論當初經濟發展成功的原因，進而作為借鏡。

南韓在戰後的發展路徑與台灣相類似，他們的民主運動的論述也呈現類似的對發展型國家模式的否定。不過，南韓左翼進步力量遠大於台灣，因此在否定的同時，較多引用社會主義或社會民主論述。本書第五章將進一步討論這問題。

在解嚴初期，幾位傾向自由市場理論的經濟學者提出了「解構黨國資本主義」的說法，適時推出國民黨經濟上壟斷特權的論斷，成功地為反對一黨專政的政治論述提供了經濟學角度的支持[18]。此「黨國資本主義」說法認為，國民黨只是為了一己之私，在位數十年實施一黨專政，在台灣創造出一種以維護一黨獨裁政體為能事的特權體制，其中一部分就是這具壟斷性的黨國資本共生體，因此國民

18　陳師孟等（1991）。對其之評述可參見瞿宛文（1995, 2004）。

黨不單對經濟發展無功，更阻礙了民營資本的發展；因而政治上的獨裁專政，與經濟上壟斷特權相連結。雖然這本由經濟學者純就經濟理論所寫的書，主要指控是國營企業比重過高及黨營事業的不當存在，妨礙了市場的正常運作，卻沒有對「黨國資本主義」提出完整的全面性論述。事實上，民營資本在台灣工業中的占比，從 1958 年開始就超過一半，之後持續上升至八九成，完全與上述說法相反。此外，這說法完全忽視了逐漸茁壯的民營集團企業的力量[19]。

不過，這說法仍成功地適時為反對國民黨專政提供了根據，經濟學者的新自由主義和政治的反威權運動成功的結合在一起。從此之後，新自由主義成為日後形成的台灣社會主導性論述的一部分，而新自由主義當然是主張政府最好不干預，反對原來的發展型國家模式，反對以產業政策促進整體發展。

國民黨雖曾自我定位為戰後經濟發展功臣，同時重要的經建官僚如孫運璿與李國鼎等人的傳記也廣為流傳，但該黨對此問題一向沒有完整的說法。在戰後執政初期，充斥著諸多歌功頌德式的「都是政府功勞」形態的論述。即使 2008 年國民黨重新執政前後，雖開始強調其原先經濟發展的成績，但是似乎只是強調其「執政能力」比對手優異。這不單不構成論述，隨後現實上的發展更證實其不堪一擊，無法對上述主導性論述形成任何挑戰。

台灣近三十多年來民主化運動，逐漸演變成為一個打造台灣新國族的政治運動，然而，這個新的民族主義是否也像國府的中華民族主義有其推動經濟發展的作用？1990 年代以來，打造台灣新國族

19　參見瞿宛文（2017：第七章）關於台灣戰後初期民間資本興起過程的討論。

的政治目標日漸清晰，不過其論述中並沒有提出與其相配合的具體經濟目標。

　　台灣民主化運動在早期，是把國民黨政府當作外來政權，但並無法從此引伸出任何推動經濟發展的意涵，只是因為對威權統治的全盤否定，也包括了對發展優先及發展型國家產業政策的否定。在近來，這新國族論述則將中國大陸定位為敵人，其經濟目標是「（希望）將台灣經濟與大陸隔離開來」。但現實的經濟力量卻是與這目標反其道而行，因此至今未見實現這目標的具體計畫，因而也難以提出具體推動發展的內容，更缺乏前瞻性的展望。戰後初期國府執政菁英的民族主義動力，是來自數代中國人對西方實質侵略的回應，其相配合的經濟目標也非常具體，即發展本地的工業，具有清楚的正面能量。相較之下，台灣新國族主義則在兩方面都闕如，既缺乏與其相配合的具體經濟目標，也難以引伸出具體發展的產業對象。這顯示有效力的民族主義不是那麼容易可以打造的。這也是台灣民主化帶給發展型國家轉型上的主要困難。

　　選舉競爭常意味著政治與經濟力量組成不同組合或聯盟，互相之間持續競爭。這是既有勢力之間的聯合與競爭，政治過程配合著專業文官體系的運作，會決定經濟政策的走向。然而，在這過程之中，比較前瞻性的、牽涉到「整體」經濟發展的議題，不必然能夠得到應有的注意。誰會去「代表」這前瞻性整體性的利益？照顧未來是否可以有現實的政治利益？在民主化過程中，前瞻性經濟政策沒有理由一定不能實現，但也不必然會實現，要看政治轉型過程中，是否能夠形成對未來發展願景的共識。如前述，戰後初期發展型國家，成功之處在於產業政策以整體發展為考量，可以前瞻性的

扶植新興產業，而不是照顧既有的利益[20]。

　　台灣推動發展模式的轉型，從 1980 年代末期開始至今已過了三十多年。外在因素，包括全球化以及兩岸關係的發展，當然起了重大的影響。不過，過程中政治的轉型更扮演了關鍵性角色。除了上述的從 1980 年末期開始，政府基本上被動進行經濟自由化之外，推動發展的模式在過去三十多年來，基本跟隨著民主轉型而變化。

　　簡言之，經建官僚組織及制度運作，在解嚴初期仍基本保留著以發展為職志的制度使命，但主導政策方向的政治領導人物，則未必會再如以往一樣以發展為優先目標，而是依據民主化運動中產生的主導性論述而作為。同時，新自由主義思潮逐漸占到社會主導性位置。這些新論述與價值挑戰原來推動發展模式的基本精神，並且也開始影響既有文官體系中的經建官僚，促使他們可能放棄以往以產業政策促進發展的使命感。這些都會大幅改變原有的經濟政策模式。

　　大致而言，發展型國家在政治上支持經建部門以經濟發展為優先的原則，從民主轉型開始，在政治考量上受到來自幾個方面的挑戰。一是社會出現其他如環保與勞工等訴求，挑戰以往發展為先的政策導向，然而就如何擴大經濟政策目標而言，社會卻難以凝聚共識；二是選舉競爭下各方利益的聯盟與競逐，侵蝕了以整體發展利益為優先目標的共識；三是由民主化運動推動發展出來的新的主導性論述，否定了發展為先的理念，並以新自由主義為尊；四是因為

20　瞿宛文（2017：第八章）以棉紡織產業為例，討論了台灣戰後初期產業政策的原則。

中國大陸從 1990 年代開始，已快速成長爲全球第二大經濟體，同時台灣經濟對大陸的關聯程度也日益增高，但是台灣社會對於兩岸的政治與經濟關係缺乏共識，如此就導致了經濟上難以建立起前瞻性的發展藍圖。以下將就各方面因素逐項討論。

㈡ 擴大經濟政策目標的失敗

如前述，因爲社會富裕後人們也開始追求發展以外的目標，發展優先的政策原則受到挑戰。原先推動發展模式的轉型工作之中，有一層面是要擴大經濟政策的目標，依據社會民意與合理性考量，將各種非經濟目標也納入考慮，包括環保、勞工、移民移工及性別等議題，目的是依據新的民意對原先發展爲先的目標做出修正。照理說，這過程會有各方力量的參與，包括社會運動表達力量與意見，公共輿論對相關議題的討論，官僚體系學習因應及擬定不同方案，政治高層協調各個部會的不同政策目標，以及行政與立法機構的政治折衝過程等。這過程的有效性除了有賴各方力量的折衝之外，仍主要依據議題的各具體層面是否能得到充分及理性的討論、持不同意見的各方能否充分溝通、提出的方案是否合理可行而定，同時也看這過程是否有政治高層負責任地進行有效的跨部會協調，這些會決定社會是否能建立合理且兼容並蓄的政策共識。這當然不是一件容易的事情，若協調難以達成，則相關政策可能難以推動。

再則，推動發展模式的轉型牽涉到建立台灣經濟發展的願景，而具有前瞻性整體性利益的共識更是不容易建立。例如，就環保政策的演變而言，一般認爲，除了戰後初期由國家強勢主導之外，之後的環境危機處理，多數屬於被動式的回應。此外，因爲族群議題

與國家認同成為民主化過程中的主要議題，對於不同社會運動的作用，各有所不同，例如勞工運動為政黨競爭所淡化，而環保運動則為之強化[21]。

　　至今為止，台灣的民主化過程尚未能做到上述的理想狀態，並且可說仍有相當距離。除了因為這過程原就隱含相當程度的困難之外，台灣民主政治發展至今，政治黨派的對立已經擴展到其他領域，使得諸多議題變得高度黨派化，對這發展有其重大不良的影響。

1. 米酒稅風波

　　先舉一個較小的案例，即米酒的菸酒稅風波事件。在 2001 年底，因預期在次年年初台灣正式加入世界貿易組織 WTO（世貿組織）時，紅標米酒將從每瓶 21 元大幅漲價到 120 元，因此造成民眾搶購的風潮及米酒囤積現象。當時為了因應搶購，菸酒公賣局實施以戶口名簿申購米酒的辦法，不少民眾在寒風中排隊數小時搶購，成為媒體競相報導的熱門議題，也引發輿論對政府激烈的批評。此事源於台灣必須為了進入世貿組織，而改變原有的菸酒公賣制度，數十年來價格低廉的米酒早已成為家家戶戶必備的料理酒，但入世談判的結果卻因美方的壓力，而將其列為應課徵高額稅賦的蒸餾酒類別，當然難以被社會接受，這過程也清楚呈現經濟與政治轉型的問題。

　　國府遷台後繼承日本殖民統治的專賣體制，在戰後初期財政困難時期，菸酒專賣收入極為重要，其占賦稅收入的比例最高時曾經

21　曾華璧（2008），鄭敦仁（1999）。

達到四分之一左右。雖然日後隨著經濟的蓬勃發展，此項收入的重要性日減，但仍然是省政府重要且穩定的收入來源，並且因其專賣性質，其營運的各層面都衍生出各種政商利益分配的交易安排。同時，官方也逐漸無法實質掌控其經銷體系，使得民間經銷商坐大，因而有實力伺機囤積牟利。

　　從 1980 年代起，菸酒制度必須隨著整體經濟一起轉型，應是各方的共識。同時，因台灣經濟成長購買力提高，歐美國家開始看好台灣市場，要求台灣開放菸酒進口。因而在開啓世貿談判之前，就在此壓力下已經於 1980 年代末期開放歐美菸酒進入，但仍須由菸酒公賣局銷售，即對外做出讓步之餘，對內卻仍然在銷售面延續而未改革此公賣體制。1990 年代進入世貿的談判持續進行，1998 年台灣與美國達成雙邊協議，台灣方面接受美方要求，將紅標米酒列爲蒸餾酒課徵高額稅賦。日後政府在要落實此政策過程中，引發民間激烈反對，也造成上述排隊搶購的現象。同時，依據入會承諾，菸酒公賣局於 2002 年台灣加入世貿之後，終於改制爲台灣菸酒公司，成爲一個不再具有生產與銷售壟斷特權的企業。

　　其實，在實際加入世貿之前的二十多年來，菸酒專賣體制所面臨的轉型壓力與警訊早已清楚顯現，但政府對於這制度以及公賣局本身的改革，都未採取前瞻性的應變做法，基本上是被動的應對，以至於不單最終的政策引起民怨，菸酒公司本身也未對改制有因應之方，只是極爲被動地面對入世開放後營收劇降的變局。

　　菸酒談判的結果之所以會被批評，應是因爲入世談判主要由經貿單位主導，其優先考慮的目標當是以維護台灣出口爲主的經貿利益，然後要求其他單位配合，並沒有更高的主管單位來協調各方利

益。菸酒利益雖然與民生息息相關，且對政府財政貢獻甚大，但是菸酒公賣局的重要性與其層級不符，它一向只是一個隸屬於台灣省政府財政廳之下的省屬三級單位，於 1999 年精省後才改隸屬財政部，是一個層級不高的公務行政單位，任務除了例行性生產菸酒供應壟斷性市場外，就是負責繳交公賣利益歸國庫，沒有位置與能力主導自身的改革。同時，事後觀之，其上層機構也未曾採取主動因應措施，來前瞻性地回應清楚的轉型壓力。換言之，在入世談判過程中，並沒有任何單位來代為表達民間希望米酒維持低價的要求，上級也沒有督促菸酒公賣局進行實質的改革。

多年後，國民黨於 2008 年重新執政後終於找到解決方案，於次年修訂《菸酒稅法》降低米酒這類蒸餾酒的稅率，讓紅標米酒每瓶價格從 180 元降至 50 元，於 2010 年再修法把米酒改依料理酒課稅，價格進一步降至 25 元。

戰後數十年來，負責經濟發展的相關經建部門，必須隨著發展的需要而學習進步，尤其是台灣發展以出口導向為主，必須學習及遵循國際市場的規律。但其他行政部門中，有些單位（如菸酒公賣局）在業務上，不需要面對配合經濟發展與時俱進的壓力，因而在制度發展上顯然高度滯後，對於可預期的必須進行的轉型及改革，自身不具備預先做出因應的能力。在政府的諸多行政部門中，這問題也有其普遍性，有些非經建部門管轄下的事業單位，容易傾向延續過去行政管理模式，缺乏配合現代市場環境的管理方式，而隨著經濟的變化以及自由化的到來，它們的不變化就很容易出問題。同時，新世紀以來台灣民主化之後，現象顯示政治高層越來越沒有能力與意志，來協調不同部門在政策目標上的差異，並進而協調出前

瞻性共同方向。出口導向的發展意味著競逐國際市場，因此促進此種發展的政策，在資源分配上可以有較爲客觀的、以國際競爭力爲基礎的標準。相較之下，與國內市場相關的政策，在資源分配的標準上，容易受到非市場因素、國內既有利益的影響，內部資源分配的遊戲規則訂定必然涉及政治，至今民主化並未能使這工作更好的完成。

2. 核四廠爭議

再舉一個不同類型但更爲重要的案例：核能第四發電廠計畫（核四）的發展。這案例顯現出在多種因素共同的作用下，合理且可被接受的政策不易形成。早在 1980 年核四計畫就已提出，並開始進行先期規劃，但當 1986 年發生車諾比核災事件之後，社會反對聲浪日增，國民黨政府因而決定暫緩興建。1990 年代初期政府又開始推動核四，到了 1990 年代後期，環保力量結合其他社會運動共同推動反核運動，反對黨民進黨也大力支持反核運動。經過各種反覆折衝之後，立法院終於通過恢復興建的決議，因而核四廠於 1999 年正式動工興建。

2000 年 5 月民進黨在總統選舉勝選，新任總統陳水扁爲了兌現選舉時反核承諾，就任後即提出再評估核四的指示。10 月時行政院長唐飛因反對停建核四而辭職，而張俊雄續任院長後，行政院逕行宣布不執行核四興建案，引發軒然大波。由國民黨居多數的立法院提出罷免總統案，並請監察院彈劾行政院，行政院則請大法官釋憲。

次年 1 月大法官提出解釋文，認爲核四興建案乃國家重要政策，行政院不應不向立法院報告而片面停止核四，立法院未參與重

要決策，與憲法規定不符。同時，在現實上，這停建核四的決定違反既有商業合約，必然意味必須付出鉅額違約款項，並且對台灣的「投資環境」增加不確定因素，這些後果是否會被社會所接受並不確定。在釋憲結果不利及後果嚴重的情況下，行政院與立法院協商，達成核四復工協議，而立法院同時收回總統罷免案，最終行政院於2月中宣布核四復工。在這事件發展過程中，曾有人提出較為折衷的方案，例如以較老舊的核一廠提前除役，來換取核四如期興建的方案，但並未被民進黨政府所採納。

此後，核四復工興建過程甚為曲折，因停建損失及重新招標等因素，以及工程爭議不斷，且涉入黨派之爭，故多次追加預算及延後完工的日期。因此十多年後，當2011年3月日本發生福島核災事件時，核四興建工程才接近完成而剛開始進行測試。然而福島核災又引發新一波對核能安全的憂慮，此後每當立法院追加核四預算時，皆有很大爭議。同時，民間反核聲浪持續升高，民進黨也採堅定反核立場，而全面性高規格的安全檢查也未能平息爭議。在2013年，馬英九政府為此計畫推動核四公投，但遭民進黨杯葛而未能成功。

2014年在太陽花學運剛落幕之際，林義雄自4月22日起開始禁食，以此來要求停建核四，迫使馬英九政府於24日宣布決定將核四封存。2016年民進黨蔡英文當選總統後，隨即宣示將如競選時所承諾的，於2025年廢核，即核四停建，核一、二、三廠不延役。當時因此為重大爭議性議題，故又有將核四的存續問題付諸公投之議，但民進黨雖一再宣稱廢核有民意支持，卻一直未推動廢核公投。如前述，2015年7月核四已進入封存狀態，而民進黨政府為了表達

廢核四的決心，先於 2017 年 1 月修訂《電業法》，明訂 2025 年廢核，再於 2018 年令台電開始將核四燃料棒分三年分批陸續運離台灣。

在全球任何地區，核能發電都是一個很嚴肅的政策議題，同時牽涉到核能安全與經濟發展之間的折衝。此外，新世紀以來在節能減碳的趨勢下，因其減碳效果而使得核能選項得以重新被考量，直到 2011 年日本的福島核災。以上述核四的案例來看，就重新考慮政策方向而言，無論如何是一個失敗的經驗。社會環保運動力量提出對核能的質疑，政策過程必須有個包容性的討論過程。反核聲浪因福島核災而增高，反核運動採不妥協立場，但是社會整體對此重大議題的態度恐怕甚為分歧？這其中所牽涉的各種現實面向，即核能安全及經濟發展，節能減排、能源價格與供給穩定性，並涉及既有的發電狀況及可能選項，這些都需要正面面對，並提出現實、合理且具體可行的方案，最後決定最好是基於折衷的考量。

民進黨政府可說是以不妥協姿態試圖停建核四，但並未引導社會進行嚴肅的政策討論，也並未於事前正面處理具體現實問題，因此最終不單未能達成實質上的「改革」，也未能幫助社會推進此方面相關爭議的討論。這失敗之原因何在？或許是因為隨著台灣民主運動而生的社會主導性論述，其內容過於強調過去黨國一切的「非法性」，而給予自身的「改革」訴求高度的「政治正確性」，以至於把選舉勝利視為進行「革命」的權力，而沒有準備執政後，要與社會上的不同力量，進行政策辯論後做決議。換言之，民進黨將社會運動的反核目標當作是既定的、唯一正確的目標，因而不單是一個優先於發展的目標，且無須經由社會討論來達到折衝。

相對於此，在之前國民黨執政時期，核能政策在發展為先的大

方向下，被當作既定而必須執行的政策；而如前述，對此模式做檢討並納入其他考量因素的過程，在國府仍執政的 1990 年代進行的也並不成功。因此，在數回合過招之後，不單黨派的對立加深，政策議題也進而加上黨派對立的色彩，並無助於未來社會政策議題的討論。此議題從 1990 年代起，已經過數次政黨輪替，然而正反雙方的互動模式並未改善，議題的黨派化與意識形態化，更日益顯著。

核四與能源問題相關連，若廢除核四並進一步於 2025 年全面廢核，則必然需要全面規劃電力供給與能源問題。然而，自從 2016 年民進黨重新執政後，它立即宣示將遵守競選承諾，於九年後廢核，提高綠能比例，並且不漲電費，但是與此同時，它並未能提出與之相配合的完整合理且有信服力的整體規劃。

能源與電力議題，除了關乎經濟發展之外，也涉及環保、排碳、空氣污染、生態保育等考量。戰後初期，經濟發展為先，政府投注大量人力物力，確保電力供給充裕且價格穩定，為工業發展提供基礎。從 1990 年代以來，在政治解嚴及社會富裕後，環保等考量漸受重視是可預期的變化。

照理說，經濟、能源與環保政策，必須是多種政策目標之間的折衝，並且這折衝涉及複雜的現代知識，以及社會不同意見與利益的群體之間的妥協。同時，照理說，社會越習慣於民主化的政治，或說所謂的「民主程度」越高，就越容易進行這種高難度的協商過程，經由共同討論而達到協議，做成各方可接受的決定，以便社會繼續往前邁進。而顯然，新世紀以來，除了核四存廢議題之外，與其相關的能源政策問題，其決策過程並未依循上述「民主程度逐步提高」的理想方式進行。

　　一方面，這或許是因為核能涉及科學知識及高風險，在世界各地多充滿爭議，是個高難度的社會協商議題。另一方面，也源於台灣社會主導性論述的走向變化。因為歷史因素，核能與過去的國民黨政府及發展為先的政策連結在一起，因國民黨已經逐漸失去話語權，因此支持核能的一方，就較難建立有公信力的論述。而現今民進黨主導建立的論述，著重以「政治正確」的目標為號召，而不是以理性來協商社會複雜議題。同時，社會運動在此政治環境下相互配合，更容易傾向自以為義而不妥協的立場。因此，如前述，自從 2016 年民進黨重新執政後，它是在未提出具體完整的規劃之前，立即宣示九年後廢核，並於次年初修改《電業法》，正式列入此目標。

　　同時，必須指出的是，在歐洲能源轉型（即改變能源來源的結構）過程中，眾多的草根組織扮演了重要角色，使得節能減碳成為一個因地制宜、民主化的運動，而不是抽象的政治正確的目標；並且節能應該要比創造新能源（即使是綠能）更重要，而設立儲能設備來幫助調節也應是重要措施；但是這些面向在台灣能源政策中並未得到應有的重視。

　　從此至今，民進黨政府也大致依循其以往的模式，即在堅持既定大目標之下，隨機性地修訂能源政策。換言之，既然「2025 廢核」成為既定目標，則為這目標要付出什麼樣的代價，並且是否與其他目標（如減碳、降空污、供電穩定、電價不漲等）能達成一致皆成為次要考慮。因此難免陸續出現互相矛盾或反覆的政策，例如 2018年 3 月為了因應未來之電力不足，政院表示將執行規劃中的深澳更新擴建火力發電廠計畫，並強行通過了環評，而這顯然與減少排碳與空污的目標不符。政院同時計畫 2025 年天然氣發電比例將達一

半，故規劃增加天然氣發電設備，為此於 2017 年開始推動興建桃園觀塘中油第三天然氣接收站，然因當地藻礁保育問題而在環評上受阻；2018 年 10 月 6 日，行政院長賴清德提出停止推動深澳電廠案，來交換觀塘天然氣接收站通過環評之議。10 月 8 日觀塘案環評在爭議聲中強行通過，隨後 12 日賴清德宣布停止推動擴建深澳發電廠。

同時，蔡英文政府上任後即推動所謂綠能矽島計畫，除修法明訂 2025 年廢核外，進一步訂出屆時綠能占比應為二成的目標，包括為太陽能及風力發電計畫定下具體指標。而為了能夠在此短時間內達標而強行推動的政策措施多充滿爭議，例如屋頂型太陽能設備涉及違建問題，農地養電涉及農業政策與生態保育問題，離岸風力發電計畫在台尚無基礎且仍待考驗，但規劃規模龐大，計畫向外商為主的簽約廠商提供優惠電價二十年，優惠的理由據稱是為了「國產化」、扶植本地相關廠商，而所訂定的風電躉購每度 5.8 元的優惠電價，與近來國際上一般 2 元左右的競標價差距巨大，也可預期地引發了爭議，而「國產化」能否實現也尚待考驗。

必須指出的是，以優惠電價引導「國產化」的政策設計，已經與台灣以往的做法不完全相同。台灣戰後初期經建體制發展出了「有條件、有期限的保護方式」，就是在保護幼稚工業時，也要求其產品的品質可被接受，價格不能高於國際價格 25%，同時保護期間限制為二至三年。一般認為東亞發展能夠優於拉丁美洲，原因之一就是東亞發展型國家對產業所提供的保護是「有條件、有期限的」，而拉丁美洲國家的做法則是沒有條件也沒有期限，必然導致怠惰。

此外，至今蔡政府仍尚未提出具體的能源政策整體性規劃。近來因廢核導致火力發電比例增加，空氣污染明顯變得更為嚴重，影

響廣泛，社會上對此能源政策模式不滿度日增。因此，在 2018 年 11 月 24 日九合一選舉時，人們同時投票通過了「以核養綠」的第 16 號公投提案，該案內容即爲廢除《電業法》中第 95 條第 1 項，「核能發電設備於 2025 年前停止運轉」的規定，顯現出多數民眾對於民進黨政府能源政策模式的不滿。然而，雖然此項年限的規定因公投案而廢止，不過民進黨政府仍宣稱不會因此改變其廢核的目標與時程。表 4.1 列出了 1990 年以來台電發購電量的分類比例，核能發電的占比從 1990 年代的 31%，在新世紀前十年減至 20%，至 2018 年已降爲 11%，然而再生能源比例僅從 4% 增爲 5%，主要是火力發電比重上升，從 1990 年代的 63%，到了 2018 年已升至 82%。

而至今，依據經濟部能源局所提出的規劃，《107 年全國電力資源供需報告》，預計到了 2025 年，全台發電來源比例將會是：核能降至 1%，火力 77%，再生能源比則將從 5% 遽增爲 20%，而其中火力發電的燃氣與燃煤的比例，預期將分別會從 2019 年的 33% 與 46%，變爲 50% 與 27%。如上述，各類電廠的興建或擴建皆非易事，如此目標是否合理、是否能在僅僅數年後達成，當是高度爭議性的議題。

再則，蔡政府一再宣稱在這些改變之後，「不漲電費」。然而，在選舉政治中，尤其在選舉日將近之際，一再「凍漲」電價似已成爲慣例。同時，台電公司的虧損則不斷累積，例如 2019 年前 8 個月已累積虧損 202 億元，經濟部則稱計畫運用電價平穩準備金來支付。此外，廢核四雖是蔡政府的既定政策，但廢核四涉及高達數千億元的虧損則尚未認列入帳。

從戰後初期以來，國民黨政府持續展現發展優先的政策取向，

表 4.1 台電歷年發購電量分類，1991-2018（%）

	核能	火力	再生能源	抽蓄水力
2014	19	76	4	1
2015	16	78	4	1
2016	13	80	5	1
2017	9	84	5	1
2018	11	82	5	1
平均				
1991-2000	31	63	4	2
2001-2010	20	74	3	2
2011-2018	15	79	4	1
規劃目標				
2025	1	77	20	2

來源：台電公司網頁，台電系統歷年發購電量分四類，https://www.taipower.com.tw/tc/page.aspx?mid=202&cid=129&cchk=675cea43-9c45-4ae1-80c6-4f18b3b38d8e。2025 年規劃目標引自經濟部能源局，《107 年全國電力資源供需報告》，全國發電量除了台電發購電量外，還包括廠用電及自用電。

同時與此相配合，也將確保穩定充足的電力供應置為優先政策，但在後期未能成功地將發展與環保等其他考量做出折衝。而至今在此領域，民進黨政府的政策則是呈現出不以發展為優先的取向，而是以非核作為優先目標，並未試圖對發展與其他考量做出折衝。在下節將討論這政策取向相對於「追求整體經濟發展」的意涵。

　　總之，其他社會性考量與發展導向的經濟政策的磨合漫長而困難，實踐至今效果不佳。政策目標需要擴大兼容並蓄，需要領導人協調不同部會與目標，但在民主化之後，社會重新凝聚共識的機制並未完善，這政策協調部分不易做到。官僚體系在政策轉型上相對被動並且難以顯示其專業性，社會主導性論述的方向日益走向黨派化式的對立，皆為政策轉型增加困難，都使得前瞻性整體性的利益的共識不易建立。若某些非發展的目標被賦予不易妥協的政治正確性，並且民進黨也以此作為統治正當性的基礎，將非發展的目標置於優先於發展的位置，政策的不同目標之磨合難免益加困難。

㈢ 追求整體經濟發展共識的缺席

　　如前述，發展型國家的經濟政策模式可分為幾個部分，首先是政治高層以堅定的政治意志支持發展優先；其次，社會共識支持以整體經濟發展為優先的理念與目標；同時，經濟官僚體系具有專業自主性，不受個別利益左右，並以GDP及投資成長率為績效指標。而在實際上，台灣在戰後初期確實是以此模式成功地推動了整體經濟發展。1980年代後期以來的民主化如何影響了這幾個層面呢？

　　在台灣民主化過程中，政治領導人物是否還如以往威權時代一般，以堅定的政治意志支持發展優先？以這三十多年來的情況來

說，答案應該是否定的。過去那種堅定的意志，應與國府的中華民族主義傳承與憂患意識密切相關。不過，社會上經濟發展的話語優勢雖有所消減，但應不是表示社會不再支持追求經濟發展，只是情況變得較為複雜。選舉競爭意味著政治與經濟力量組成聯盟來互相競爭，配合著官僚體系的運作來決定經濟政策的走向。在這競爭過程中，較為前瞻性的整體經濟發展，是否能夠得到應有的注意，就要看民主的實踐過程中，是否能夠形成對未來發展願景的共識。

在台灣自民主化以來，這共識之所以不容易形成，原因除了包括上述的政策過程無法兼容不同目標之外，還主要是因為社會主導性論述以走省籍路線的本土主義為主軸，原以反對國民黨為主，後又延伸至對抗中國大陸。這論述以政治抗爭為主要，經濟發展訴求必然退居次要地位，同時更難以提出經濟如何能夠獨立於大陸而發展的現實藍圖（這議題將於下文第 5 節詳細討論）。

官僚體制的自主性是否得以維續？官僚體制自有其組織原則與規章制度，不過，政治領導人物必然仍有相當空間，去影響這體制的運作。如果政治領導人持續將政治考量置於經濟發展之前，必然會逐漸侵蝕經建官僚體系原有的以發展為先的運作方式。這政治考量一方面包括上述政治與意識形態的因素，一方面也包括選舉政治下資源分配的因素，即政治人物亟於掌握資源鞏固政治地位。

產業政策的短期化、失敗與缺席

民主政治競爭下，迅速短暫的選舉週期，驅使著經濟政策的短期化、口號化與媚俗化，經濟政策開始受到選舉政治影響，以往以長期整體經濟發展為主導，以 GDP 及投資成長率為績效指標的體

制共識逐漸被削弱。隨著政務官頻繁的更替，經濟政策趨於口號化並隨之不斷變更，而內容與可行性則就難以深究了。例如，以經濟部長任期為例（圖 4.1），在 1950 年代的組織重建期間經濟部長平均任期為 1.5 年。而從 1958 年至 1984 年間這段經濟快速發展的時期內僅有 6 位部長，依序為楊繼曾（6.8 年）、李國鼎（4.4 年）、陶聲洋、孫運璿（9 年）、張光世（3.5 年）、趙耀東（2.5 年），平均任期長達 5.3 年[22]。從此之後開始逐步進入轉型期，1984 年至 2000 年的任期平均為 2 至 3 年。進入新世紀之後，民進黨執政八年內經濟部長平均任期降到 1.3 年，2008 年國民黨重新執政期間也僅只 1.4 年。而 2016 年民進黨再次執政後，第一位經濟部長任期為 1.2 年。顯現如今無論黨派，政治形態已經改變。

這樣短期的操作模式，當然不利於政府去因應長期性重大問題，並為之擬定重要政策，包括規劃未來長期產業發展的前瞻性的產業政策。此外，在民主化之後，地方派系力量逐漸正式進入中央政治，競逐資源分配。以往經濟發展多由中央部會主導，一致面向國際市場發展出口產業，資源分配多以經濟績效及國際競爭力為決策依歸，然而這格局取向逐漸受到內部政治競爭的影響。這過程從 1990 年代即已開始，而民進黨政府執政後則更加強這變化趨勢，在經濟及區域政策上，與台灣早期發展型國家的政策模式有相當差異，在區域政策上多偏離以往發展型國家推動整體發展的共識，而常以爭取選票民粹政治邏輯為主要考量，來決定地區補貼等政策[23]。

22　陶聲洋上任百日之後病逝。
23　參照 Hsu（2009）與 Hsu（2011）。

圖 4.1　戰後歷任經濟部長平均任期，1958-2017（年）

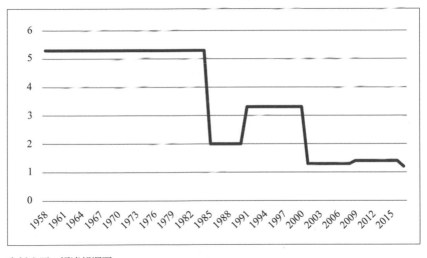

資料來源：經濟部網頁。

　　如前述，台灣產業升級能夠持續成功，主要依賴與時俱進的產業政策，即每進入新的發展階段政府即主動促生新興產業，並且是具國際競爭力的產業。然而進入 1980 年代末轉型期以後，雖然延續性高科技產業政策仍繼續進行，即主要是支持工研院移轉技術，來協助業者進口替代關鍵零組件，不過除此之外，政府則越來越少施行推動重要新興產業的產業政策。就高科技產業政策而言，1987 年以工研院衍生公司方式成立台積電，可說是台灣高科技產業政策最後一個成功的重大案例了。此後，另一重大科專計畫則未能得到同樣的成功，1994 年工研院次微米計畫成立了衍生公司——世界先進，原生產開發 DRAM，但已於 2000 年轉型爲配合台積電的晶圓代工企業；其他幾個重要的開拓性計畫則多停留在工研院實驗推動階段，包括面板與手機通訊技術等。1990 年代以後，雖然每屆新政府上任時，在形式上仍會推出新的產業政策，但是扶植產業的經費多是以租稅優惠形式發給各既有的產業，而非用來推動重大新興產業。

　　新世紀之後，陳水扁政府曾於 2002 年起投入鉅資試圖推動「兩兆雙星計畫」，以半導體與面板業爲主要對象，然而推動半導體 DRAM、面板與 WiMax 產業的計畫，卻都以失敗收場，之後即使國民黨再次執政後，也再沒有推動大型產業政策的計畫了。相反的，南韓雖同樣在進行政治轉型，但仍能持續且有效地推動產業政策，就是同樣的 DRAM 與面板產業，南韓的產業（尤其三星）不單甚爲成功，更成爲全球的領先者，在諸多新興數位產業方面也已有顯著的成效[24]，南韓的成功與上述台灣在相同領域的失敗形成明顯對

24　Lee（2014：194-197）。

比。這部分將於第五章再進一步討論。

缺乏領導性新興產業、投資不振、升級乏力、資金過剩

　　因此，台灣在進入新世紀以來越來越缺乏重要的新興產業來作為投資的標的，這導致既有高科技產業的比重持續增加，至 2017 年已達 54%（見文後圖 4.6），而投資的成長率及經濟成長率卻逐漸降低。進入新世紀至今，台灣實質固定資本形成毛額的年平均成長率只有 0.7%（見表 4.2）。而在 1950 年至 1980 年間投資年平均成長率則有 14%，隨後二十年平均仍有 8%。

　　以上是依據常用的固定資本形成毛額來代表當年的投資額，此毛額包括固定資本消耗以及固定資本形成淨額[25]，後者應是當年實際新增加的投資額，較具實質意義。不過因為固定資本消耗是統計單位設算所得，估計上可能會有爭議，因此一般比較常採用毛額來代表投資額。在毛額之外，如果直接觀察 1990 年以來台灣固定資本形成淨額的變化，則會發現投資淨額在 1998 年達到高峰後（1.86 兆元，以 2011 年價格平減），就開始持續下降，到了 2018 年投資淨額只有 1998 年的 51%（0.95 兆元）！表 4.2 與圖 4.2 呈現了 1971 年至 2017 年間，固定資本形成淨額占 GDP 的比例變化，其清楚顯現持續下降的趨勢，從 1970 年代的 22% 下跌至新世紀之後的 7.2%，至

25　依據主計處的定義，固定資本消耗與一般的「折舊」不完全相同，「固定資本消耗係在一計算期間內，為生產產出而投入固定資產之當期價值減損，包括正常損耗、正常退化，及可預見或一般之意外損失，以效用折現法或重估後之當期價值較上期重估值差額計算，而非如企業折舊以帳面價值（歷史成本）攤銷，故……不稱折舊」。

表 4.2　固定資本形成毛額成長率、毛額與淨額占 GDP 比例，
1971-2017（%）

	固定資本形成毛額 年均成長率	固定資本形成毛額 占 GDP 比	固定資本形成淨額 占 GDP 比
1971–80	13.9	27.0	22.1
1981–90	7.9	23.7	15.6
1991–00	8.2	26.3	16.5
2001–17	0.7	22.5	7.2

資料來源：主計處，總體統計資料庫，中華民國統計資訊網。

圖 4.2　固定資本形成淨額占 GDP 比例，1971-2017（%）

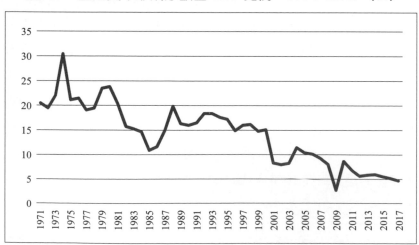

資料來源：中華民國統計資訊網，總體統計資料庫，國民所得、儲蓄與投資。
注：從固定資本形成毛額中扣除固定資本消耗，得到固定資本形成淨額。

2017 年則已降至令人心驚的低位 4.9%！再則，若進一步區分政府與企業的投資，則可見到在 1990 年代政府投資淨額仍占投資總淨額的三成左右，但新世紀以來這占比不斷下降，2017 年僅爲 8.2%。也就是說，新世紀以來，企業部門投資淨額停滯不成長之餘，政府更是缺乏能力與意願來用公部門投資彌補民營部門動能的不足[26]。

　　簡言之，若以包括固定資本消耗的固定資本形成毛額來看投資額，則進入新世紀之後，台灣的投資是幾乎零成長，然若去除固定資本消耗，只以固定資本形成淨額來代表投資額，則台灣投資淨額從 1990 年代的高峰至今已跌爲其一半水準，而降幅主要包括政府部門投資的下降，以及高科技產業投資淨額的大幅減少。未來的經濟成長與產業升級都必須依賴今日的淨投資，這些投資數據中所包含的警訊，可說不言而喻。

　　自 2018 年 7 月美國對中國發動貿易戰之後，爲了迴避大陸出口至美國的關稅增高，陸續有台商將生產線遷出大陸，其中部分則遷回台灣。雖然至 2019 年 8 月爲止，申請回台的投資額達 5 千多億新台幣，但落實僅 4 百億元，主計處預估將提升 2019 年 GDP 增長率約 0.2%。因貿易戰帶來的台商生產線的回流，當然會起到增加投資額、GDP 與就業量的作用，然而，台商若只是遷回既有的大陸生產線，恐難以幫助推動台灣高科技業亟需的產業升級，而是否能藉此時機有新的投資來帶動升級，則尙待觀察。

　　進入新世紀以來投資意願低落，台灣資金雖極爲充沛，卻難以得到合適的運用。因此在進入 21 世紀以來，台灣本地銀行存款總額

26　此處特別感謝葉萬安先生的修改建議。

大於放款額的情況開始逐步加劇。這被稱爲「爛頭寸」的存放款差額，在 2011 年約 5 兆新台幣，到了 2018 年底，存款總額達新台幣 34 兆，而放款額僅 25.8 兆，爛頭寸已增加到 8.2 兆（見圖 4.3）。除此之外，新世紀以來台灣每年投資國外資產的金額持續爲淨流出，依據中央銀行統計顯示，至 2018 年底台灣對外資產總額計 2.05 兆美元，而外資在台資產約近 8 千億美元，因此台灣國際投資的淨資產部位達 1.28 兆美元，蟬聯全球第五大淨債權國。美國知名智庫 Council on Foreign Relations 網頁上，Brad W. Setser（2019/10/4）的部落格貼文即討論了台灣持續的貿易順差所導致的龐大資金外流的問題，他發現近年來台灣對此的因應之道，除了由中央銀行調整外匯存底之外，壽險業者購買國外債券成爲主要方式，這其中當涉及如何處理外匯風險及台幣匯率是否低估的問題[27]。IMF 於 10 月中發表該季《全球金融穩定報告》（*Global Financial Stability Report, October 2019*）時，也明確指出因爲台灣以及南韓與日本的人壽保險公司，近 5 年大幅增加國外資產至 1.5 兆美元，其中近半爲美元計價的公司債券，隱含了顯著的匯率風險及市場的不穩定性。

　　另一個可觀察的統計數據是台灣股票市場歷年的增資總金額，圖 4.4 呈現了 1989 年至 2018 年每年股市的增資額，這是企業藉由本地股市取得資金的狀況。這金額在 1998 年達到最高點 4566 億元之後，就逐步下降，到了 2018 年僅達 1598 億元。同時，上市櫃公司首次公開發行股票的家數持續衰退，從 2011 年的 95 家至 2018 年已降至 57 家。這增資金額的減少，或部分顯示台資企業投資額

27　Setser 的部落格專注於跨國界的金流，台灣龐大的資金外流引發了他的關注。

圖 4.3 全體銀行存放款餘額，2011–2018（新台幣兆元）

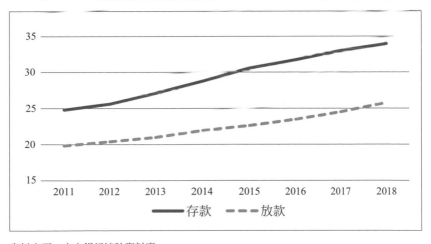

資料來源：中央銀行統計資料庫。

圖 4.4 歷年股票市場增資總金額，1989–2018（新台幣億元）

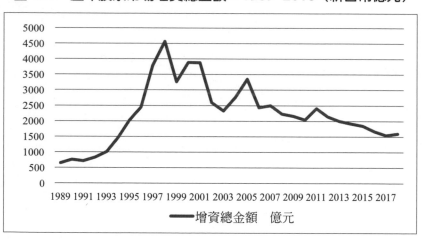

資料來源：台灣證券交易所網頁，證券交易統計年報。

的減少，更多應是顯示本地股市作爲台商籌資管道作用的下降。配合著上述銀行的存放款情形，可說都是台灣資本市場效率不佳的表現之一[28]。

　　一個國家每年生產出來的產值，若不立即消費掉，就是儲蓄，而儲蓄金額在用來爲投資提供融資後還有剩餘，則稱爲超額儲蓄，而超額儲蓄占國民所得的比例稱爲超額儲蓄率。台灣在進入新世紀以來，這比例清楚呈現逐年上升的趨勢（圖 4.5）。1990 年代平均爲 2.9%，新世紀前十年平均爲 7.5%，2011 年至 2017 年則爲 11.8%，近三年則已超過 14%。例如 2017 年台灣儲蓄約 6 兆台幣，投資 3.5 兆，餘下 2.6 兆台幣的超額儲蓄，則多流出投資國外資產。再則，不同於早期的情況，這超額儲蓄中主要是屬於企業的儲蓄而非私人儲蓄；源於企業投資率下降，從 2009 年起，企業的資金需求變得小於其資金供給，開始有超額儲蓄，至 2017 年企業超額儲蓄率已達 7.4%；這應也是 1990 年以來 GDP 中資本報酬份額相對於勞動報酬份額持續上升的原因之一（見文後圖 4.9）。這超額儲蓄現象的另一層面則是貿易順差的持續擴大，從新世紀前十年平均年約 2 百億美元，之後則增至年平均約 4 百億美元，其中對中國大陸的順差更是不斷增加。

　　此外，1990 年代以來，各屆政府爲了因應中國大陸經濟的吸力，多會以留住台商及吸引台商資金回台爲目標而採取各種措施，尤其是李登輝開始針對兩岸關係推行「戒急用忍」政策之後。值得注意的是，這並非是純粹「全球化」的影響，而是特定兩岸政策下

28　盧姝璇（2018）。

圖 4.5　超額儲蓄占國民所得比例，1981-2018（%）

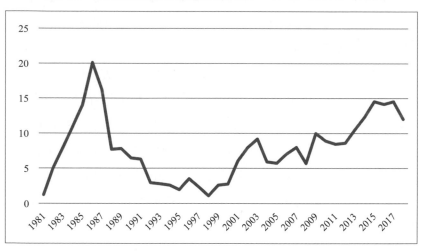

資料來源：中華民國統計資訊網。

的政治作為。因此，台商去中國大陸以外地區投資，會被視為是多元化國際化的正向發展，與去大陸投資相反。雖說事後看來這些「防中政策」的作為，因為與經濟力量反向而行，並沒有太大成效（見下文第 5 節），然而，這卻給予執政者拉攏資本的正當化理由，這是一般性全球化壓力之外的政治性因素。配合著選舉政治的背景，這因素更加深了政策上偏向資本的傾向。這顯現在如 2009 年將遺產與贈與稅稅率降至 10%，如多次提供資金回台減免稅金的措施，包括 2019 年通過的《境外資金匯回管理運用及課稅條例》等，如對企業及富人的各種減稅優惠上等等。只是在投資氣氛低迷不振的情況下，這些措施反而使得台灣資金過剩的問題更為嚴重。因為稅制不公，對於房地產與股票交易的資本利得幾乎不徵稅，抬高其投資報酬率，相較之下，投資生產事業的相對吸引力更為低落。這些因素常使得回台資金徒然加入本地原早已過剩的資金存量，甚或加入房地產的投資，而非投入生產性事業[29]。

　　這種種現象都顯示台灣早已是一個甚為富裕的經濟體，多年來已累積了極為充裕的資金。但另一方面，產業卻仍待進一步的升級，只是竟然陷入了缺乏新興投資對象與成長機會的困境。即產生了**資金過剩與缺乏投資動能現象並存**的弔詭情況。

　　在戰後數十年中，就產業政策而言，可說有四波推動新興「領先產業」的重大計畫，皆是由政府推動。一是戰後初期推動紡織工業，再來是改變政策方向從進口替代轉型到出口導向，然後配合著出口工業促進其中上游的重化工業，最後是扶植高科技電子產業。

29　央行總裁楊金龍（2019）也曾表示要避免資金回流可能的不良影響。

幸運的是，受惠於當時優越的條件及主事者的積極努力，這幾回合的產業政策都甚爲成功，領先產業都實現了帶動相關產業的任務。圖 4.6 即呈現了這些產業的變遷，如紡織成衣業在 1971 年仍爲領先產業，占到製造業價值 23%，而到了 2017 年則只剩下 1.8%。重化工業包括化學及金屬工業則在上世紀八九十年代成爲重要的部門，只是近來比重稍有下降。而從政府於 1970 年代開始推動電機電子業起，它的占比就持續上升，從一成多達到 2000 年的 26.9%，至 2017 年更高達 54.2%。雖說這顯示了台灣成功地建立了這足以驕人的高科技產業，但也呈現了過高的集中度，並且進入新世紀以來集中度有增無減。隨著高科技產業代工部分利潤率日減，這也顯示出高科技產業的升級緩慢，且未能多元化分散風險。

　　生技產業有可能是下一個領導性產業嗎？確實，近年來新興的生物技術產業在全球各地都廣受注目，各地區包括台灣都開始致力於發展這產業，持續投入相當多的資源。然而，雖然這產業在未來改善人類健康的可能性令人期待，並且一些尚未能盈利的生技公司也能藉由這期待因素而在股市上市，但是這無疑是一個不容易產業化的領域。例如，全球生技產業在經過數十年的發展之後，2016 年該產業全球產值僅 2695 億美元，2012 年至 2016 年的平均年成長率不到 1%，近半數的廠商爲美國企業。而 2016 年台灣生技業的產值估計爲 829 億台幣，不到台灣製造業產值的 1%，2012 年至 2016 年的平均年成長率 2.8%[30]。換言之，至今這領域的產值與發展動能

30　許毓真（編），2017，《2017 應用生技產業年鑑》，經濟部 IT IS 計畫，新北市：生物技術開發中心。應用生技產業是指運用活生物體或分子細胞技術進行農業、食品、醫藥等產品開發，此處定義不包括既有的製藥與醫療器材產業。

圖 4.6　製造業主要產業的生產淨值份額，1971-2017（%）

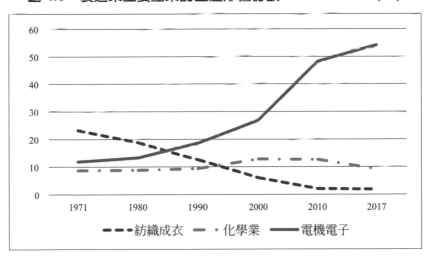

資料來源：中華民國台灣地區工業生產統計月報，歷年。

都不大，並且這是個科學家主導的領域，能帶動的就業人數極為有限，在可見的未來，將無法擔任領導性產業的角色。

現代市場經濟瞬息萬變，產業變遷迅速，每個經濟體都需要持續的推動產業升級，而新興產業多充滿未知與風險，個別投資者未必有能力或意願，大力投入未知領域。當然產業政策是高難度的政策，絕不保證都能成功，但可確定的是，要能成功推動新興產業，實有賴於有效的產業政策，來社會化投資風險，奠定產業基礎建設，帶動相關投資與發展。

有些學者認為台灣近年來的經濟困局是源於台灣經濟企業大型化、壟斷程度增高，打擊了中小企業，造成貧富不均及經濟不振，然而這僅涵蓋了部分的現實。這說法有以下的問題：它高估了國內市場的份量，其實台灣仍然是一個出口導向經濟，領導性部門一向是由出口產業來擔任。例如圖 4.6 顯示電機電子業產值已占台灣製造業 54%，雖然它們面對高度競爭的國際市場而趨向大型化，卻沒有壟斷台灣經濟的問題。但是它們的社會政治影響力則是另一面向。這部分的問題在於缺乏有效的產業政策，來促進出口產業的升級，以及新興產業的成長（中小企業的問題將在文後 5.1 至 5.2 節詳細討論）。不過，國內市場的壟斷程度是顯著升高了，壟斷常意味著廠商的怠惰，競爭壓力不大則會使得企業缺乏增加投資與改進效能的動力，這影響應就是顯現在台灣服務業的生產力不振以至於薪資停滯的現象上，這確實是嚴重的問題，但這是經濟困局的一部分而非全部。這說法也忽視兩岸政策的重要性，政府政策若不能直接面對台灣最大經濟關係體，如何能規劃前景？

如前述，台灣在戰後初期曾成功施行產業政策而達到初步工業

化。然而，1990 年代以來，社會支持產業政策的共識逐漸消減，政府高層不再關注，經建部門也已不再以此爲己任，有的多是短期且不斷變化、口號式、徒具形式的「產業政策」，既缺乏堅實的可行性評估計畫，且未必眞正施行，也多無成效。圖 4.6 所呈現的從 1990 年代以來台灣製造業比重越來越集中於高科技產業，也是產業政策缺位的表徵之一。

　　在早期發展目標有優先位置，也意味著主政者以及經建官僚承擔起爲「整體經濟發展」考量的責任，因此，例如在 1960 年代末期，當重化工業計畫陸續啟動之後，孫運璿與李國鼎等人，就開始憂慮「20 年後台灣的新興產業在哪裡」，因而開啟了推動高科技產業的計畫，**我們後人在數十年後仍受惠於他們當初的遠慮、規劃與承擔責任**。與此相比較，如上述，新世紀以來，台灣經濟成長欠缺動能，缺少願景，而政府並無推動領先型產業的計畫，政治競爭並不以此爲績效準則，而轉爲以爭取短期選票的民粹政治邏輯爲主導原則，也顯示**現今已甚少有主事者在憂慮「20 年後台灣的新興產業在哪裡」，甚少有人承擔起爲「整體經濟發展」考量的責任**。

㈣ 新自由主義思想的盛行

　　1990 年代以來，隨著台灣民主運動的發展，本土論述的主導地位越來越占優勢，而與之相配合的經濟性論述，則是絕對服膺自由市場優越性的新自由主義經濟理論，認爲政府管得越少越好，基本上不應該干預市場。此外，著重社會公平正義的社會民主思想，強調國家調節經濟的角色的結構學派經濟理論，以及相關的發展型國家理論，則都在這過程中越來越受到排斥。這演變過程在新世紀

多次政黨輪替過程中更成為常態。因此，今日台灣在面對全球化壓力下，經濟持續發展與社會分配問題日漸嚴重，雖然這些問題的存在就現象上已無可否認或逃避，但與其相關的社會民主與經濟政策議題，都很少出現在公共討論的空間裡，遑論能得到應有的重視與處理。

新自由主義之所以在台灣得以取得主導地位，一方面是在配合對於黨國威權的反彈下，對於發展型國家模式的否定；另一方面則當然也是追隨此時全球以美國為首的新自由主義風潮。台灣戰後受到美國保護，知識菁英以留學美國為第一志願，在戰後前四十年留學生赴美國的比例超過八成。到了 1990 年代，在台灣經濟學界活躍者，以留美歸國者為多，並且多是在美國經濟學界在 1970 年代拋棄凱恩斯主義轉向新自由主義之後留學美國者，因此在台灣經濟學界，新自由主義也逐漸成為政治正確的主導性學派[31]。

如前述，因為政府到了 1980 年代，雖然仍持續以既有產業政策框架推動新興產業（尤其是高科技產業）的發展，但並未能夠較為前瞻性的主動調整經濟發展模式，因而導致轉型壓力不斷累積。雖然 1984 年行政院長俞國華宣布改採「自由化、國際化、制度化」的發展政策，但當時未能立即施行，是直到 1986 年，在美國壓力下才開始全面的經濟自由化。因為這些因應措施，如內部特許市場的開放，及對外貿易金融面的逐步開放等，就發展階段而言也是必

31　Amsden（1994）討論了南韓此方面的情況，即一方面美國政府施壓，另一方面美國訓練的經濟學者也提倡，要南韓偏離以往的日本德國的政府干預模式，而採用英美的自由放任模式。她將這些學者歸類稱之為 American-trained Korean economists。

要的措施，即是往市場進一步開放走，這部分與新自由主義的方向大致吻合。不過這只是變化的一部分，另外一部分，則牽涉到如何在開放市場的同時扶植本地的服務業，以及如何在全球化下重新建立平等的發展模式，即因應全球化及自由化可能帶來的影響。

自 1980 年代後期，全球化、自由市場化與民主化同步快速進行，原先受到保護的台灣國內市場逐步對內對外開放，原先威權統治下國民黨與「全民」利益分享的安排逐一改變或解體。此時亟需建立可以因應全球化壓力的國內各階層分享利益的契約聯盟，但本土論述卻接受了強調自由競爭的新自由主義，排除了社會民主與經濟調節政策的考量，既無法運用經濟政策維繫成長，也無法有社會民主式的安排，來正面處理新自由主義所帶來的分配不均的社會公平問題，無法幫助台灣因應全球化的競爭新局。而這些恐怕都與本土論述全盤否定過去、因而將社會福利議題黨派化的做法有關。

因為主導性思潮由發展優先轉為新自由主義，官僚體系在各方面都開始產生變化。很多經建官僚個人不再認為經建部門的制度使命是優先促進經濟發展，例如，在新世紀初，曾有一任經建會的主任委員，表示說政府不再需要規劃主導經濟發展的方向，而在以往這正是經建會的主要任務；同時新世紀民進黨執政後，也取消了原先由經建會主管定期向高層報告經濟情勢的慣例[32]。同時，新自由主義的「小政府」理念，也改變過去經建部門必須積極任事主動促進發展的制度使命，甚至政府功能「外包」也成為流行，政策規劃週期逐漸縮短等。這些變化雖能夠配合在 1980 年代末期開始的自

32　莊素玉（2006）《天下雜誌》的文章題目即為〈蒸發了的經建會〉。

由市場化，但無助於經建部門的轉型，也無助於政府因應轉型的挑戰。因爲初步自由市場化之後，其後的政策任務不單包括政策轉型，還涵蓋擴大政策目標兼容並蓄，在全球化壓力下維持經濟發展，並維持就業及社會公平，以因應全球化自由化帶來的影響。新的任務其實更爲艱鉅，不是新自由主義的「小政府」口號所能夠處理的。

停滯的薪資、惡化的所得與財富分配、社會福利

　　如前述，國府戰後在台灣除了對資本有限度扶植外，在對待農民及工人上，雖壓抑其部分權益，但爲了強化統治正當性也設法維持其相對利益[33]。例如，罷工等權利雖受到壓制，但製造業的實質薪資確實是隨著經濟成長不斷上升，在 1950 年代實質薪資平均年成長率爲 2.5%，在 1960 至 1970 年代約 5%，1980 年代 7.4%，不過，在自由化全球化開始之後，到 1990 年代已降爲 3%，新世紀之後則已經爲零成長（0%）！圖 4.7 至 4.8 就清楚顯現出從 1990 年代後期亞洲金融危機之後，實質薪資成長停滯的趨勢，實質薪資在2000 年爲新台幣 46605 元，在 2017 年爲 46650 元，幾乎停在原地。如前述，勞工運動訴求在高漲的本土論述下逐漸消音，運動被黨派化力量分裂，這當然無助於勞工因應全球化的壓力。（至於台灣實質薪資停滯的原因，將於下一章 5.4 節再進一步討論）

　　例如，在 1990 年代初期，勞工運動曾提出包含分攤社會風險的勞工退休制度，然而在政治競爭新局中，國家約束資本的力量大幅衰退，同時民進黨採取了族群分化、批評軍公教福利的運動策略，

33　許甘霖（2000）。

圖 4.7　實質薪資（工業與服務業），1981-2017（新台幣元）

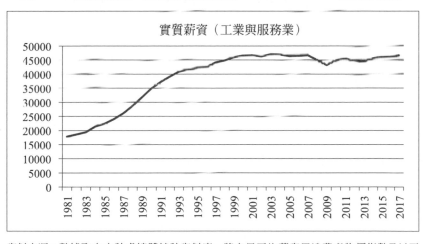

資料來源：數據取自主計處總體統計資料庫，將名目平均薪資用消費者物價指數予以平減，得出實質平均薪資。

圖 4.8　實質薪資（工業與服務業）年成長率，1981–2017（%）

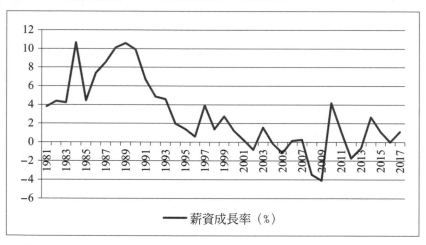

資料來源：同圖 4.7。

而勞工運動也受到黨派政治的影響，這些都大幅弱化了原先階級性訴求的成分。這些複雜的因素配合上主導性的新自由主義理念，使得勞工退休制度，在爭議多年之後，於 2004 年最終決定的方案是依循新自由主義原則的個人自負風險的方案，而缺乏共同分擔風險的社會福利的性質[34]。

圖 4.9 顯示了自 1990 年起，在台灣 GDP 之中，相對於資本報酬，勞動報酬的份額持續下降，從 1990 年的 51%，至 2017 年已降到 44%。這發展趨勢必然與全球化有關，即資本具有更高的流動性，相對於勞工占有更有利的位置。此外，在這期間，選舉競爭下政府不斷降低稅賦，但更多的是降低富人的稅賦，提高了資本報酬的份額。同時，台灣近年投資不振，企業儲蓄大增，即資本保留盈餘卻不投資，這更降低了勞工分享利潤的機會。

因此，1990 年代以來，所得分配呈現出惡化的趨勢。所得分配在 1960 至 1980 年代之間隨著經濟成長而改善，按家庭所得排列後的五等分差距倍數（家庭所得最高 20% 組與所得最低 20% 組所得的相對比例），從 1965 年的 5.25 到 1980 年降為 4.17。不過，此後因為全球化及自由化的影響，以及人口老化、小家庭增加、經濟成長趨緩等因素，此差距倍數逐步上升，1990 年代平均差距為 5.37 倍，但是到了新世紀更驟升到 6.11 倍（見圖 4.10）。進入新世紀以來，金融危機帶來經濟波動及不景氣等因素影響，必須依賴政府擴大辦理各項社福措施，才能縮短所得差距。若不計入政府對低所得者給予的各種社會福利等移轉收支，則平均所得差距倍數已達 7.54！

---

34 陳政亮（2010）。

圖 4.9　勞動報酬占 GDP 之份額，1981–2017（%）

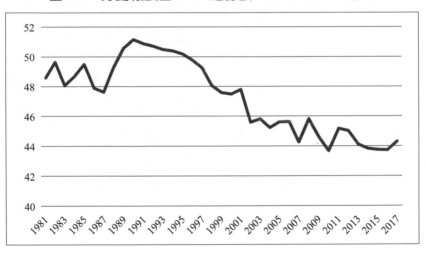

資料來源：計算自主計處總體統計資料庫，中華民國統計資訊網。

注：勞動報酬份額是指 GDP 中受雇人員薪資所占的比例。

圖 4.10　家庭所得分配差距指標 1：五等分差距倍數，1981-2017

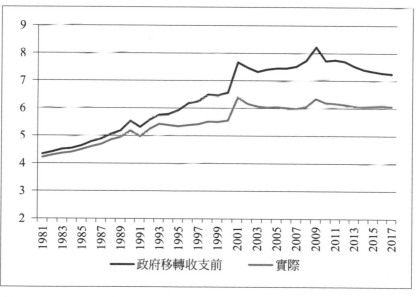

資料來源：主計處，家庭收支調查報告。

注：按家庭所得排列後的五等分差距倍數，即家庭所得最高 20% 組與所得最低 20% 組所得的相對比例。

在 2009 年因金融危機影響，更曾達到 8.22 倍，爲戰後最高的差距，所得分配惡化的速度實超乎預期。再則，因社會福利制度的形成過程，高度受到黨派化政治的影響。軍公教福利制度被政治化成爲選舉議題，老人年金等年金制度也依隨選舉日程來演變，在在不利於社會福利制度的健全化[35]。

圖 4.11 則顯示了另一個家庭所得分配差距的指標——吉尼係數[36]，1976 年係數爲 0.28，1990 年升至 0.31，至 2017 年爲 0.34。雖說此數值與其他地區比較並不特別高，但仍清楚顯示不均程度持續增高的趨勢。

此外，圖 4.12 呈現一個依循 Piketty（2014）研究方法所推估的所得不均度的情況。以上兩個所得分配的指標，所依據的資料是行政院主計處的家庭收支調查，是官方已收集數十多年的唯一關於所得分配的資料庫。然而一般認爲，家戶調查會有低報所得的問題，尤其是高所得家戶可能會低報資本所得。近年來 Piketty 與其同仁以創新的研究方法進行高所得群、所得及財富分配問題的研究，引起國際間對於近來全球所得分配惡化趨勢的注意。洪明皇與鄭文輝（2013）即參考他們的方法，不採用家庭收支調查資料，而是依據台灣實際的賦稅資料來做推估，尤其注重高所得群所得份額的變化。

圖 4.12 呈現了洪明皇與鄭文輝的估算成果，在 1977 年至 2010年間，用這兩種不同方法所得到的所得最高 5% 家庭的總所得份額的差距甚大，一是依據家庭收支調查，一是依據實際賦稅推估的最

35　陳政亮（2010）。

36　吉尼係數爲測量所有家戶的所得累積分配情況與完全均等情況間的差距，此項
　　係數介於 0（完全均等）與 1（完全不均等）之間，係數越大表示不均程度愈高。

圖 4.11　家庭所得分配差距指標 2：吉尼係數，1976-2018

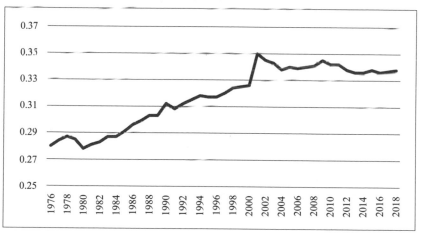

資料來源：主計處，家庭收支調查，中華民國統計資訊網。

圖 4.12　家庭所得分配差距指標 3：收支調查法與賦稅推估法下
最高 5% 家庭占總所得份額比較，1977-2010（%）

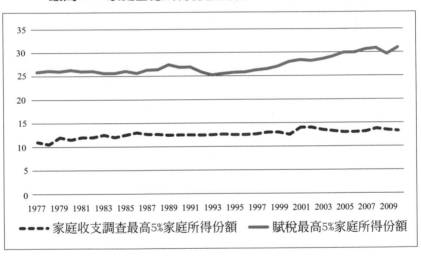

資料來源：洪明皇，鄭文輝（2013：圖 2）。

高 5% 家庭的總所得份額。該圖顯現前者的份額（10～15%）遠低於後者（26～31%）。這兩組數據之間的顯著差距，應主要源於重要的資本所得，如房地產與股票交易的利得，未能夠被包括在家庭收支調查資料中。根據洪明皇與鄭文輝的估計，若與其他國家比較最高 1% 家戶所得份額水準，則 2010 年台灣數值約為 13.8%，遠高於日本與法國的，而接近美國的 17%，在國際比較上屬於不均度甚高者，並且台灣高所得者所得占比呈現長期上升趨勢[37]。他們也發現不均度源頭是「超高所得者」的所得增加得特別快，這與 Piketty 他們的跨國研究發現相一致。

這結果應是顯現出從 1990 年代以來，政治競爭導致政府一再降低富人相關稅率的結果。台灣原本就幾乎沒有資本利得稅，近年來降低富人稅種的措施包括降低綜合所得稅最高級稅率、降低土地增值稅、兩稅合一、遺產稅降至 10% 等減稅措施（下文將再論及）。想當年費景漢與郭婉容等合著的關於台灣經濟發展的書，書名即為 *Growth with Equity: the Taiwan Case*（台灣的均富發展）[38]，然而，洪明皇與鄭文輝的研究清楚顯現台灣早已不再是以往的以「均富發展」著稱之地了。

如國際研究所顯示，若沒有重分配政策，所得分配不均可能會有「財富」跨代累積的作用，即出身底層家庭的人可能缺乏改善自身位置的條件；而財富分配的不平均程度越嚴重，則累積的財富越

37　以此為基礎估算出的台灣高所得者所得占比資料，已加入至前述 Piketty 等人所建置的世界不均度資料庫（World Inequality Database）。參見主計處《107 年家庭收支調查報告》附錄五。

38　Fei, Ranis and Kuo（1979）。

會加深跨代的不平等[39]。圖 4.13 與表 4.3 呈現出近年來，台灣貧富家庭間儲蓄率的差異日益擴大，意味著財富累積差距的擴大。圖 4.13 列出 1976 年至 2018 年來，五分位所得組各組的年平均儲蓄率，其中最低 20% 所得組的情況惡化速度之迅速實令人驚心，該組平均儲蓄率在新世紀之前一直保持正值，在 1990 年代平均仍能達到 7.5%，然而從 2001 年開始出現負值，在新世紀前十年平均儲蓄率爲 –2.5%，近十年則爲 –6.7%，即已是舉債度日！而最高 20% 所得組的平均儲蓄率則微幅下降，僅從 1990 年代的平均 39.5%，進入新世紀至今仍達 35.7%，至 2018 年每戶年平均儲蓄額爲 75 萬元，該年最高 20% 所得組的儲蓄占所有家庭總儲蓄額的比例升至 66.8%。如此儲蓄金額的差距經年累月必然帶來財富累積上的巨大差距，表 4.3 顯現 2000 年至 2018 年這 19 年以來，最低 20% 所得組家庭所累積的儲蓄總金額爲 –3709 億元，而最高 20% 所得組家庭的總儲蓄金額累計爲 19.4 兆元[40]。這所涉及的不只是不均度的上升，更顯示從此次全球金融危機以來，最低 20% 所得組家庭已陷入不斷累積債務的嚴峻困局。

　　如 Piketty 所指出，財富分配的歷史一向受到政治因素高度影響，並非是純粹由經濟因素所決定。例如，二戰後因過去戰爭與經濟恐慌因素的影響，歐美以福利國家方式度過了較爲平均的戰後初期黃金時代，然而 1970 年代開始，新保守主義與新自由主義抬頭，在稅收及金融政策上大幅度地傾向富有者，以至於歐美各國經濟不

39　一般而言，各國情況雖會有差異，不過財富分配的不均度都會遠高於所得分配。台灣的情況可參見盧沛樺（2019/7/15）。

40　感謝葉萬安先生指出此嚴重的問題。

圖 4.13　戶數五等分位組各組之年平均儲蓄率，1976-2018（%）

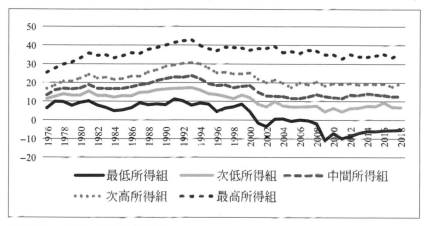

資料來源：主計處，家庭收支調查。

表 4.3　戶數五等分組最低與最高 20% 家庭所得組儲蓄總額，
2000-2018（新台幣億元）

	最低組儲蓄額	最高組儲蓄額
2000-2004 合計	41	46,275
2005-2009 合計	−604	49,256
2010-2014 合計	−1,884	51,004
2015-2018 合計	−1,262	47,943
2000-2018 總計	−3,709	194,478

資料來源：主計處，家庭收支調查。

均度開始大幅上升。相對照，台灣在戰後一向追隨美國，故此時也
受到新保守思潮的影響，而 1990 年代以來民主化後的選舉政治，
所帶來的稅收及金融政策，即主要傾向富有者，影響所及，賦稅負
擔的不公加劇所得分配的不均，高所得者財富快速累積，剩餘資金
不斷增長，低所得者經濟情況日趨惡化。

　　此外，眾所周知，所得分配的惡化不利於內需的增長，因而不
利於經濟成長，因為所得較低者的消費傾向（個人所得中當期消費
掉的比例）比高所得者高出甚多，因此國民所得向高所得者集中會
減緩內需的成長；即如前述，新世紀以來最高 20% 所得組的儲蓄率
平均為 35.7%，而最低 20% 所得組的儲蓄率為 −4.4%。換言之，所
得分配的惡化也是台灣經濟放緩的原因之一。當然影響消費傾向的
因素甚多，例如年金改革及對未來的預期等因素都會有所影響。如
果從台灣經濟整體數據來看，總消費占國民所得的比例，從 2000 年
的 70% 已降至 2017 年的 65.3%，而其中私人消費比例從 54.4% 降
到 51.6%。消費的低迷配合著投資不振，因而導致超額儲蓄不斷升
高。貧窮的社會需要增加儲蓄，然而至今早已富裕的台灣，卻呈現
貧富差距擴大，整體消費低迷、投資不振而儲蓄用不完，以致加深
經濟困局的情況。

　　全球化的趨勢以及自由市場化的政策，也侵蝕了一些其他領域
原有的公共資產。例如，在 1950 至 1960 年代，政策著重預防性的
公共衛生建設優先於醫療建設，建立了一個初步的公衛體系，包括
地方衛生機構網（各鄉鎮皆設立了衛生所）及公立醫院，幫助台灣
成功滅除了瘧疾、霍亂、痢疾等傳染疾病，並且還推動了婦幼保健、
家庭計畫、烏腳病防治、B 型肝炎防治等工作。然而從 1980 年代開

始，公衛體系加速醫療化，而同時醫療部門則加速市場化，雖然幸好全民健保發揮了重要功能，但因公衛體系弱化變得以治療爲主，不著重預防且缺乏公共性考量，其難以因應嚴重公共衛生問題的缺點，在 2003 年 SARS 流行時清楚顯現出來了[41]。當 SARS 疫情爆發時，社會大眾人心惶惶，恐慌下出現諸多民眾抗拒因應疫情措施的亂象，如社區民眾抗議 SARS 特別門診的設立等。SARS 的防治是一項公共衛生工作，必須先做好「有組織的衛生教育、預防、疫情監測、通報、調查、檢驗、處理、居家隔離等等大量的防治工作。前端的公共衛生防治工作沒作好，末端的醫療工作自然無法井井有條……社區民眾也因此無所適從，社會因而亂象叢生」[42]。

再則，教育領域也有類似的變化。在戰後初期，教育以公立學校爲主軸，學費低廉而教育普及，同時也有相對務實的職業教育，使得台灣當時能夠維持較高度的社會階層的流動性。而今，在逐漸走向自由市場化的政策下，且貧富差距擴大的同時，教育費用卻逐步上升，因此教育協助社會階層流動的功能逐漸下降。

1990 年代以來，在新自由主義式的全球化風潮影響之下，上述的政策挑戰其實已經成爲全球普遍的現象。如上所述，台灣在民主轉型過程中，因以族群等考量爲重，壓過階級訴求，因此並未能處理好這部分的政策挑戰。而新居於主導性地位的新自由主義思潮，因其提倡無爲式的小政府，對發展型政府的轉型工作，以及因應全球化的挑戰上，助益不大。

41　陳美霞（2011）。
42　陳美霞（2003/5/11）。

稅改不斷減少稅基、削弱政府扶貧能力

　　選舉政治也使得稅基不斷受到侵蝕，稅收比例因而持續減少。在戰後初期 1950 至 1960 年代，具高度憂患意識的國府，將賦稅收入（不計入社會安全捐）占 GDP 的比例維持在較低水平——即 14% 左右，到了 1970 年代因爲經濟成長已有所成，也爲了推動十大建設，此比例增至 16%，1980 至 1990 年代前期也維持在此水準。不過從 1990 年代中期開始，因減稅措施不斷，這比例清楚呈現逐步下降的趨勢（見圖 4.14），到了 2000 年已降爲 12.6%，或許因爲至此稅賦率已經低得不能再降了，新世紀之後其平均也就維持在約 12.3%。在 OECD 會員國中，賦稅收入占 GDP 的比重在 2016 年平均爲 34.3%，其中最低的是墨西哥的 17%。台灣的數值不單不及 OECD 國家比例的一半水準，也低於東亞其他國家，南韓在 2016 年仍有 19.4%，高出台灣甚多[43]。因此，就國民租稅負擔率而言，台灣的水平應屬於落後國家的範疇。

　　稅基不斷受到侵蝕的原因，除了源於普遍性的全球化因素之外，更是因爲選舉政治下，賦稅減免措施不斷出籠，並且以降低富人相關稅種爲主要，對薪資階級多只是給予微幅調升薪資扣除額等小惠；因資本利得不用繳稅，故稅收中 75% 來自薪資所得，這負擔上的高度不公平卻一直未能得以改善。而如 Piketty 等人所指出，快速積累的資本利得會快速拉大所得分配的差距。如前述，依據表 4.3，在 2000 年至 2018 年間，最低與最高所得組所累積的儲蓄總額

43　根據 OECD 出版的 Revenue Statistics 2017，https://stats.oecd.org/index.aspx?DataSetCode=REV.

圖 4.14　各國賦稅收入占 GDP 比例，1986-2016（%）

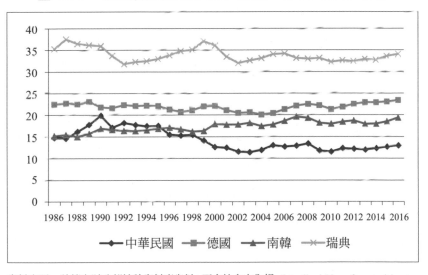

資料來源：計算自財政部統計資料庫資料；不含社會安全捐，http://web02.mof.gov.tw/njswww
　　　　　/WebProxy.aspx?sys=100&funid=defjspf2。

呈現的巨額差距，即為後果之一。

　　實際上，在民主轉型開始之後，幾乎沒有政治人物敢於主張提高賦稅。相反的，1990 年代以來《獎勵投資條例》及其後繼的《促進產業升級條例》的適用範圍不斷擴大，減免金額不斷增高；各屆政府則不斷降低多種賦稅，如 1998 年施行兩稅合一，即認為企業繳交營利事業所得稅之後，股東個人的股利不用再繳綜所稅（股東將獲配股利總額所含之公司營業所得稅額，自股東個人綜合所得稅應納稅額中扣抵）[44]，2003 年將（原就依低估的公告地價徵收的）土地增值稅減半，2009 年遺產與贈與稅稅率降至 10%，2010 年隨促產條例落日而將營業所得稅從 25% 調降至 17% 等[45]；重要的資本利得稅——證券交易所得稅，雖然基於社會公平於情於理都應該要開徵，但最近在 2012 年至 2015 年再次施行失敗後，已經被視為是完全不可能實現，因而不用再討論的政策選項了。即 2012 年馬英九政府在連任後迅速通過的證所稅方案，雖說涵蓋範圍甚為有限，但推出後一再縮小範圍並部分延緩實施，仍然爭議不斷，被認為只有負面成效。2012 年證所稅實施後的三年內，資金外流導致股市交易量大幅下降，既有的證券交易稅收入反而年減二三百億，而新徵的證所稅每年只徵得二三十億元，稅收反而減少。最終在 2015 年底立法院修法，次年起停止徵收證所稅，明顯是一個失敗的政策[46]。而這失敗部分當源自全球化下金融資本的自由流動，使得個別政府

44　因減少鉅額稅收且爭議大，2015 年扣抵額減半，2018 年廢除。

45　孫克難（1999, 2008）。

46　證券交易所得稅制度簡介參見財政部網頁 http://www.mof.gov.tw/Pages/List. aspx?nodeid=130#。

不易進行管制，但也源自政策設計上的缺失，既未能掌握現實，措施也缺乏可行性，可說是浪費了一個改革的機會。

　　因此，政府財政赤字問題變得嚴重（見圖 4.15）。戰後初期，國府把賦稅比例維持在較低的水準，同時也讓預算大致保持平衡，不過當時尚無社會福利制度。財政餘絀占 GDP 的比例，在 1970 年代為 1.1%，1981 至 1988 年代為 −0.4%，從 1989 年開始至 1995 年間財政赤字急速擴大，占 GDP 比例幾乎每年超過 −5%，隨後幾年赤字稍減，1989 年至 2000 年平均為 −3.4%。2001 年至 2008 年此比例平均則為 −1.8%，與 2009 年至 2016 年平均相同。因此從 1990 年代開始，政府持續以賣出國有資產方式（而非增加賦稅）來增加財政收入，亦即以賣資產來改善短期績效，若沒有這項「收入」，則赤字比例將會更高。而 2008 年以來在馬英九第一任總統任期間，因減稅等因素導致財政赤字每年達四五千億元左右，財政餘絀占 GDP 比例達 −3%。不過，在馬英九第二任期間，在推動徵收證所稅方案失敗之後，財政部於 2013 年推出了「財政健全方案」，行政立法兩院終於通過了甚為少見的增稅辦法，因而從 2014 年開始財政赤字已大幅減少，2015 年起幾乎已達財政平衡。不過稅收比例過低的問題仍然繼續存在。

　　稅收比例過低，必然削弱政府力量，而這卻正是政府必須提高社會福利水準，以因應全球化影響的時刻。社會福利制度建立過程有不少爭議，且受到黨派競爭高度的影響，但社會對福利制度的需求則顯著增加；然而在目前選舉競爭模式下，賦稅卻難以增加以因應社會福利需求的增長，同時賦稅負擔高度不公平，拉大貧富差距，財政體制雖急需改革卻不易進行。

圖 4.15　財政餘絀，1974-2018（新台幣億元）

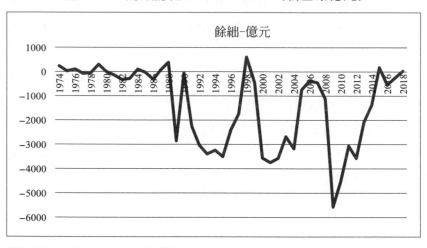

資料來源：計算自財政部統計資料庫資料；不含社會安全捐，http://web02.mof.gov.tw/njswww
　　　　　/WebProxy.aspx?sys=100&funid=defjspf2。

　　總之，台灣經濟從 1986 年開始在各方壓力下開始市場自由化，包括內部特許市場的開放，以及對外貿易與金融面的逐步開放。經濟上以官僚體系為主體逐步應變，但在自由化的方向上受到新自由主義很大影響。因為本土論述在這方面以反對黨國資本主義論述為主，著重批判與解構，尚難在以下領域建立具有建設性的新規範：社會民主論述，政商關係規範，整體經濟定位，發展方向；更難以務實處理兩岸關係。在新自由主義影響下，對全球化影響一直未能有對策，以致侵蝕過去社會均富的基礎；而在目前選舉競爭模式下稅基不斷減少，貧富差距擴大，更削弱政府因應全球化的能力。

先進國家對全球化的反彈與反思

　　1990 年代以來，美國主導的新自由主義式的全球化風潮席捲全球。這發展趨勢一方面在各國帶來了新自由主義思潮的領導地位，一方面卻又帶來嚴峻的、新自由主義無法因應的政策挑戰。這挑戰意味著經濟社會制度必須要調整，社會政策需與經濟政策配合。因為全球化意味著市場競爭範圍的擴大，這導致經濟活動的波動幅度增大、風險加劇，所得的差距擴大，造成全球以及各國內部所得不平均程度增高。少數先進國家開始調整政策，建立新的社會福利與勞資協商制度，來平衡全球化受益者與失利者的利益，補償全球化的受害者，維持社會公平與正義。然而多數地區並未能及時有效地因應，因而引發政治上民粹方式的反彈，包括英國退歐與川普當選美國總統等，對西方民主政治及國際秩序帶來巨大的衝擊與嚴峻的挑戰。

　　為此美國著名經濟學者克魯曼（Krugman, 2019/10/10）最近發

文自我檢討，指出在 1990 年代的繁榮之中，包括他在內的經濟學者，對於全球化對就業與不均度的影響太掉以輕心，皆依據既有的經濟理論認爲全球化會促進整體發展，雖會導致各方面的調整，但就業與所得不均度即使在短期內有所惡化，其幅度也應有限。然而現實卻未必如此，近年來先進國內部對全球化的反彈已強烈反映在政治上，顯現在英國退歐及美國川普當選總統事件上，震撼了學界也促使克魯曼做了反省。

克魯曼事後檢討發現，1990 年代初期變化才剛開始，隨後至今全球貿易發生了急遽的變化，後被稱爲「超全球化」（hyperglobalization）。由於運輸及相關科技的進步，勞力密集的生產活動被分割出來迅速移往低工資地區，因而後進地區工業產品出口占全球 GDP 的比例從 1990 年代至今增至三倍，尤其是在中國於 2001 年底加入世貿組織之後。以美國製造業爲例，其就業量在 1990 年代尚能持平，但進入新世紀之後卻呈現斷崖式下降，就業人數從 2000 年的 1730 萬降至 2017 年的 1240 萬人，減少了近三成，是極短時間內發生的巨大變化。並且如 Autor（2019）所指出，這些變化發生在美國最脆弱的地區，又是在美國人口流動性大幅下降的時刻，因此對勞工階級的短期衝擊甚爲巨大。

而對此衝擊，美國政府及學界（尤其是經濟學界）並未給予應有的關注，更缺乏因應政策，一則缺乏產業政策促進替代性產業發展，再則缺乏適宜的社會政策來緩和對勞工的衝擊。克魯曼認爲當初的錯誤在於錯估變化的速度與幅度，未能即時思考因應之道，他當然不認同川普等提倡以保護主義作爲補救的民粹式方案。此外，他認爲「超全球化」應已告一段落，但大家必須繼續因應全球化的

挑戰。

　　實際上，在 1990 年代初期，新自由主義思潮當道，冷戰結束後西方呈現一片榮景，提倡產業與社會政策都會顯得不合時宜，克魯曼當時忽視全球化不利影響的看法其實與新自由主義相當一致。無疑地，美國這些廣大被忽視的全球化受害者——失業的製造業勞工，應是川普當選總統的背景因素。因此，甚至有評論者質疑道，包括克魯曼等自由市場論者是否幫助了主張保護主義的川普進入了白宮[47]。

　　美國在經歷上述超全球化之同時，所得分配不均度也急遽上升。至 2018 年美國所得最高 1% 占當年國民所得近 20%，遠高於中下層 50% 的 12.5%，財富分配的不均度更高，最富有的 1% 占全國財富近四成。相對於川普民粹方式的回應方案，美國社會近來興起一些左翼的聲音，主張要設法降低不均度，也有民主黨總統候選人如 Elizabeth Warren 與 Bernie Sanders，提出「徵收財富稅」的提議。美國學界風潮也已顯著地轉向，例如曾經於 1990 年代初提出新自由主義的標竿主張「華盛頓共識」的智庫 Peterson Institute for International Economics，也在 2019 年 10 月 17 日至 18 日舉辦了「與不平均戰鬥」（Combating Inequality: Rethinking Policies to Reduce Inequality in Advanced Economies）的高端專家會議，出席學者多贊同降低不均度的目標，而其中如 Zucman（2019）更提出徵收財富稅的具體方案，主要認為目前美國稅制高度累退，徵收財富稅一則可以減緩

47　Hirsh（2019/10/22）說道：「克魯曼及其他主流貿易專家現在承認他們對全球化後果判斷錯誤，全球化對美國勞工的傷害程度遠大於他們預期。那美國的自由市場論者是否幫助了將一位保護主義煽動者送進白宮？」

財富分配不均進一步的擴大，再則可以用來施行全民健保及降低學費。先進國這方面未來的發展當值得我們高度關注。

　　若與此相對照，自 1990 年代以來，台灣經濟高度受到全球化以及中國經濟興起的影響，台灣的受益者應為數眾多，例如其累積的財富部分呈現在台灣持續對外輸出鉅額儲蓄上，因而早已成為全球第五大債權國，但是本地因應全球化必要的產業與社會政策遠非完善。一則源於台灣不再有有效的產業政策，本地產業升級滯後、缺乏新興投資機會，因而經濟發展趨緩且缺乏前景，減少了全球化受害者轉型的機會；再則就社會政策而言，幸運的是從 1995 年開始施行的全民健保提供了顯著的社會穩定力量，但是如前述，實際的所得不均度可能遠高於收支調查所顯示的，並且社會底層已進入舉債度日的困境，而民粹政治影響下的社會政策實難以提供長期因應方案。更重要的是，在兩岸關係成為政治關鍵議題下，這些實質的經濟與社會問題難以得到應有的關注與處理。

㈤ 兩岸關係的挑戰

　　除了上述幾方面轉型上的難題之外，還有一個新出現的且更為關鍵的挑戰。戰後初期，台灣經濟發展的背景是全球冷戰，在兩岸對立且幾近完全隔絕的情況下，國民黨政府延續著國共內戰，在美國的保護與協助下在台灣發展經濟，稍後更是依賴出口到美國市場推進工業化。然而，1970 年代美國終於開始與中華人民共和國接觸並建立外交關係，國府不能再宣稱代表全中國，因而面臨失去統治正當性的危機。再則，中國大陸於 1978 年開始推動改革開放，進行市場化的經濟改革。而蔣經國在 1987 年 7 月宣布解嚴之後，隨即

於年底開放民眾赴大陸探親，次年中國大陸也宣布鼓勵台胞投資，開啓了兩岸在隔絕數十年之後的交流互動。從此，兩岸的經濟互動日漸頻繁，經濟連結關係日益緊密。

　　在 1990 年代，中國大陸經濟仍相對落後，台商投資特別受到歡迎。台商之中先是傳統勞力密集加工出口業的中小企業，率先赴大陸投資設廠，稍後則有高科技產業的投資。一方面，這些台商爲大陸帶來了當地企業尤其缺乏的經營國際市場的技能與商機；另一方面，大陸龐大優質的勞動力給予台商大幅擴大規模、提升企業體質的機會。例如鴻海在二三十年前赴大陸投資時，仍只是中型企業，隨後快速擴大規模，日後雇用工人數目超過百萬人，並持續推動多元化與產業升級，成爲世界級企業。兩岸於 2001 年底先後加入世界貿易組織，出乎世人意料之外的是，中國經濟隨即快速發展，以至於到了 2008 年全球金融危機時，在西方遲疑如何因應之際，中國大陸卻大手筆實施四兆救市政策，擴大進口，促進其他國家經濟復甦，進而擔任了世界經濟火車頭的角色。同時，中國經濟因快速增長，從 2010 年起已成爲世界第二大經濟體，中國 GDP 占世界的份額在加入世貿組織之時僅 4.1%，至 2018 年估計約爲 15%。依據《日本經濟新聞》（簡稱《日經》）的估計，至 2018 年全球已有 34 個地區是以中國爲最大的出口市場，已接近美國的數目（36 個）[48]。兩岸經濟關係在這過程中，雖然因政治因素而不斷波動變化，但無礙於經濟連結關係日益密切。

48　梶原誠（2019/8/26）。

貿易

就台灣的對外貿易關係而言，圖 4.16 清楚呈現了在兩岸恢復經貿往來後，台灣主要貿易對象由美國逐漸轉為中國大陸的變化趨勢。原先在戰後初期兩岸隔絕的四十年中，台灣主要出口到美國，1990 年代隨著兩岸開放及大陸的經濟成長，中國大陸市場即逐漸取代美國成為台灣出口主要市場，至今占比已超過四成。當然這其中有不少是先由台灣出口中間產品到大陸，經加工後再運往美國，然而這生產上的分工關係仍把兩岸連結起來，新世紀以來大陸本地的供應鏈逐漸成長，已部分取代了台灣進口，然而出口至大陸的比例仍能維持在四成左右。

此外，在兩岸貿易中，台灣一向維持著高額的出超，並且出超的金額遠大於台灣貿易出超的總額，例如在 2018 年，台灣出超總額為 495.8 億美元，台灣對中國大陸與香港的出超為 831.5 億美元，是前者的 1.68 倍。而這比例在 2006 年至 2010 年平均為 3.4 倍，2011 年至 2018 年為 2.5 倍。這意味著若排除對大陸的出超，台灣貿易將會出現顯著的逆差。同時，對於台灣不對等地不准許一些大陸商品進口的作為，以及對台貿易的長期逆差，中國大陸並沒有像其他國家對國家的關係那樣，採取抗議或反制的行動。換言之，在貿易關係上，台灣其實高度依賴大陸經濟以及中國大陸的讓利政策。

如果把歷史時間拉長，即可從台灣出口市場比例分布的變化（圖 4.17），看出台灣經濟在不同歷史時間中相對位置的變遷。即在清朝後期台灣與大陸經濟關係密切，日本殖民時期則高度依賴日本市場，戰後前四十年以美國市場為主，而從 1990 年代以來兩岸則逐步恢復密切經濟關係。

圖 4.16　台灣出口至中國大陸及美國占總出口之份額，1981-2017（%）

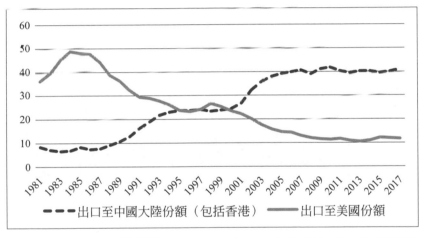

資料來源：計算自國家發展委員會，Taiwan Statistical Data Book, 2018，表 11-9，此處將中國大陸與香港份額加總計算。

圖 4.17　台灣出口市場分布比例變化，1897–2017（%）

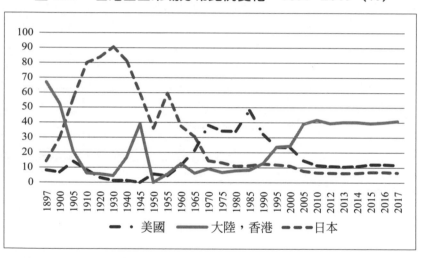

資料來源：更新自瞿宛文（2017：67）。

投資

貿易是商品的流動，而就資本的移轉而言，至今中國大陸也已成為台資主要投資的對象。進入 1990 年代以後，台灣資本輸出額就開始超過流入的金額，成為資本淨輸出國。而就投資地區分布而言，從台資開始外移的時候，中國大陸就是主要地點，圖 4.18 呈現了從 1991 年至今，官方核准台商對大陸投資額持續增加的趨勢。而圖 4.19 則呈現了這段時期，核准對大陸投資占台灣總對外投資的比例。在新世紀前十年，大陸加工出口業快速增長時期，對大陸投資的占比達到七成左右，之後則稍微降低，從 1990 年代以來平均則近六成。此外，這核准投資金額應是低估之值，因為台灣有不少對外投資是到加勒比海避稅天堂，其中應有不少比例其實是往大陸投資。更何況，台商在大陸多未將盈餘匯出，而是陸續將盈餘在大陸再投資，多年下來這再投資的部分應已累積達相當的水準，但這部分並未包括在兩岸官方統計之中[49]。

簡言之，台灣經濟轉型過程中，在貿易與投資等方面皆開始更為全球化，然而台資全球化的地區分布的多元化程度有限，中國大陸在其中占據重要位置。這當是源於多重因素的作用，除了地緣與文化因素之外，中國大陸經濟的吸引力應為關鍵，包括有利的投資環境、龐大的優質勞動力與市場快速的成長。因此，即使台灣官方相繼推出阻礙台資投資大陸的政策，作用其實有限。

2018 年美國開啟了中美貿易戰，影響所及，一些以美國為市場的加工產業，即開始計畫將生產線轉出大陸。東南亞地區如越南等

49　感謝葉萬安先生指出這點。

圖 4.18　台灣對大陸投資額（核准額），1991-2017（百萬美元）

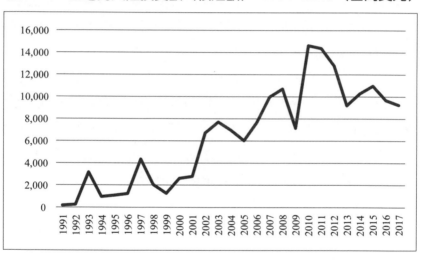

資料來源：國家發展委員會，Taiwan Statistical Data Book, 2018, 表 12-8。

圖 4.19　台灣對大陸投資額（核准額）占台灣對外投資比例，1991-2017（%）

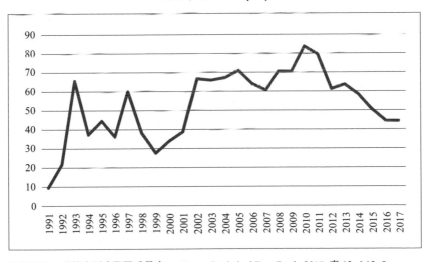

資料來源：計算自國家發展委員會，Taiwan Statistical Data Book, 2018, 表 12-6,12-8。

即因而受惠，也有台商計畫將一些生產線移回台灣。雖說貿易戰仍在持續中，台商移轉出大陸的動力猶存，然而既有的生產因素供給的規模並未改變，東南亞的產能總量最多只能替代中國產能的一小部分，這些變化應還屬大局勢的邊緣性修正。至於台灣的情況如何？台灣的製造生產環境能在短期內擴展的範圍必然有限，何況如工業總會數年來一再抱怨「五缺」（缺水、缺電、缺工、缺地、缺人才）問題，認爲其阻礙在台投資，而這些相關因素的供給在短期內不易有太大改善[50]。如前述，至 2019 年 8 月申請回台的投資額達 5 千多億台幣，但落實僅 4 百億元，預估提升當年 GDP 增長率約 0.2%。再則，台商遷回其在大陸既有的生產線，想來應難以幫助推動台灣高科技業的產業升級，是否能因此有新的投資來促進產業升級則尚待觀察。

兩岸政策

　　如前述，1990 年代台灣進入政治轉型期之後，兩岸關係即成爲重大政策挑戰。在重新開放交往的最初時期，雙方共同建立了進行交流的制度與組織，如 1991 年台灣方面設立了陸委會與海基會，通過了以統一爲終極目標的國統綱領，並廢除了因國共內戰而訂定、施行 43 年之久的《動員戡亂臨時條例》。而大陸方面也建立了相應的單位與制度。然而同一年，民進黨則通過了台獨黨綱，主張制訂新憲法，成立台灣共和國。當時在兩岸共同努力下，1990 年代初

50　《全國工業總會白皮書》中除了抱怨「五缺」之外，還列了「六失」，即政府失能、社會失序、國會失職、經濟失調、世代失落、國家失去總體目標。

期兩岸關係全面緩和，包括軍事、外交、政治、經濟與文化等各方面。1993 年 4 月第一次辜汪會談於新加坡舉行，簽署共同協議，同意「一個中國，各自表述」，日後被稱爲九二共識[51]。

　　但是，1995 年美國給予總統李登輝簽證，讓他赴母校康乃爾大學訪問，此事件引發了嚴重後果，兩岸及中美之間失去互信，互動局面可說從此完全改觀。中國大陸凍結會談，並舉行軍事演習，對台灣外海試射飛彈。美國雖曾於當時派遣航空母艦馳援台灣，但也認識到問題嚴重，在調整對中國的政策之外，也採取不支持台獨的立場。中國大陸也改變對台政策，改以美國爲主要對象。但是李登輝在飛彈危機的助益下於 1996 年高票當選總統。他從此即開始推動台獨傾向的兩岸政策，在兩岸經濟交流上提出「戒急用忍」，在內政與教育上則全面展開「本土化」及去中國化的政策，並於 1997 年決定凍省，1999 年更提出兩國論，再次引發危機。

　　2000 年陳水扁當選總統，在他任內八年中，可說是對抗性危機不斷且持續升高，包括他推動一邊一國、申請進入聯合國、推動入聯公投、迷航等。不過同時間經濟上的開放交流並未停止，陳水扁政府宣稱對經濟交流採取「積極管理、有效開放」政策，雖然其試圖以政治審核來管制對大陸的投資，然而實質上，並沒有能力與意願阻擋台商基於競爭壓力赴大陸設廠的強大趨勢。例如經濟部在美國壓力下，於 2001 年底開放主要資訊產品筆記型電腦廠商赴大陸投資，大勢所趨之下這決定本是難以避免，而影響立見。台灣資訊產品在台灣生產的比例，於 1995 年爲 72%，2001 年尚有 47%，至

51　此處參考蘇起（2014）。在日後，九二共識是否存在也成爲爭議的問題。

2005 年這比例已迅速降至 6.8%。然而同時，台灣筆電廠商占全球筆電產量的份額，也從 1995 年的 27%，2001 年的 56.5%，至 2005 年這比例迅速升至 82.5%，而至今台商筆電在大陸生產的比例及其占全球市場份額同樣都已超過 95%。此外民間也多設法繞過其他未必有效的管制，因此兩岸經濟交流仍然持續快速增長。

貿易協定

　　2008 年馬英九當選總統後改變兩岸政策的方向，主張對大陸開放，以政治上維持現狀，先經後政方式推動兩岸和平與擴大交流，海空全面直航，因而經濟與文化交流大幅提升，政治與外交方面趨於穩定。大陸方面予以高度配合，並且採取片面讓利的立場，雙方於 2010 年簽訂了《海峽兩岸經濟合作架構協議》（ECFA），這協議也使得台灣因此可以開始與其他國家簽訂雙邊貿易協定，減緩被孤立與邊緣化的問題。然而，馬政府雖宣稱新政策帶來了政治與經濟上的和平紅利，但是遭到民進黨的激烈反對，馬政府也只強調經濟紅利，缺乏整體論述，難以因應此新局所引發的政治焦慮。兩岸在上述架構協議下，於 2013 年進一步簽署了與服務業相關的《海峽兩岸服務貿易協議》。而次年 3 月立法院在審查此《服貿協議》時，便爆發了太陽花學運，其以反中為主而影響深遠。在這運動浪潮推動下，2016 年以台獨為黨綱的民進黨，贏得了總統選舉並取得立法院多數席次，開始全面執政，兩岸官方來往幾乎完全停止。此後，大陸對台政策也從對台讓利改為個別方式的惠台，即對前往大陸的台胞與台商給予優惠條件。

　　在貿易方面，眾所周知，因新世紀以來世界貿易組織整體談判

難有進展，故全球各國積極簽署雙邊及區域性自由貿易協定（FTA），簽約國互相給予較優惠的關稅及貿易條件。因此「FTA 覆蓋率」（貨品貿易中可享有 FTA 優惠關稅的金額比例）也成爲國家經濟競爭力的重要因素之一。至今，台灣共與 7 國簽署了 FTA 以及兩岸 ECFA 早收清單，這 7 國包括中南美洲 5 國以及新加坡與紐西蘭，其中僅有新加坡與台灣有較大的貿易額，因此整體覆蓋率僅爲貿易額的 9.7%，而其中主要部分卻是 ECFA 早收清單。

再則，ECFA 早收清單中大陸「讓利」的意涵其實甚爲明顯，從 2011 年初開始生效後至 2019 年 6 月，台灣對大陸的出口得以減免關稅約 68.1 億美元，而大陸對台灣的出口僅減免關稅 6 億美元！在 2018 年台灣的早收清單產品的出口金額達 236 億美元，主要爲傳統產業產品。

相比較，若就已簽署 FTA 的情況，至 2017 年，新加坡的 FTA 覆蓋率爲 87%，南韓爲 64.4%（持續增加中），遠遠超過台灣（表4.4）。兩岸原先於 2010 年簽訂的 ECFA，雖說只是一個架構協議，

表 4.4　東亞各地簽署 FTA 情形，2017

	台灣	南韓	新加坡	中國大陸
已簽署 FTA 數	7	15	22	14
簽署地區數	8	52	60	22
FTA 覆蓋率	9.7%	64.4%	86.9%	33.7%

資料來源：林祖嘉（2018）。至 2019 年 8 月，根據 WTO 網頁，就已簽署 FTA 數目而言，新加坡已增至 24、南韓 18、中國大陸 15。在經濟部國貿局網頁上，並沒有台灣 FTA 涵蓋率的正式數據（2019/11/1 查詢）。

但稍後兩岸協議了 ECFA 早收清單，卻成爲這 9.7% 覆蓋率中的主要部分。然而，至今無論兩岸的貨物貿易或服務貿易協議的談判都已停頓，而 ECFA 早收清單能延續多久則尚未可知。同時，若無法與大陸簽訂貿易協議，與其他國家進一步洽簽協議的機會也甚爲渺茫。換言之，兩岸關係所涉及的不只是占台灣四成出口的兩岸貿易，也關乎台灣整體貿易都難以享受到 FTA 的優惠關稅，台灣被邊緣化影響所及，也意味著在國際競爭上處於不利位置。

產業升級

此外，除了上述關於貿易與投資整體性的變化之外，在實質上兩岸對於個別重要產業發展的態度與作爲也甚爲關鍵。如上述，1990 年代台灣高科技產業蓬勃發展，成功地成爲全球高科技產業最主要的代工生產者，也成爲台灣製造業的骨幹。到了新世紀之交，中國大陸期待開始能在高科技產業有所發展，也希望台商能予以協助。不過從始至今，無論黨派，台灣官方關於高科技業對大陸投資的規範，始終採取防衛性態度，即防止尖端技術外流，赴大陸投資工廠的技術水準必須是滯後於台商在台的水準。

如果當時台方採取合作策略，能否帶來兩岸雙贏的成果，至今已無法得知，然而較可確定的是，除了極少數的例外（半導體），防衛性策略大致上是失敗的。新世紀以來，奠基於大陸龐大的市場與人力資源，以及強烈的企圖心，在高科技產業的各個領域中，除了半導體之外，大陸廠商展現了快速且顯著的進步，在多個領域中已有大陸企業趕上甚至超越原領先的台灣廠商。防衛性策略只帶來了幾年的緩衝時間，但卻讓台商未能參與大陸這新興產業的發展，

可說是「失去的機會」。例如，台灣面板產業曾風光一時，但在受到邀請赴大陸合作發展時，卻因防衛性政策而未能前赴大陸投資，至今則大陸廠商已經崛起。例如，蘋果於 2019 年開始測試大陸廠商京東方的面板，考慮未來用它來部分取代三星面板的可能性，而同時台灣面板廠商自身卻已陷入困境。

同時，新世紀以來，國際高科技業本身也進入轉型期，既有產品價格持續下降，台灣廠商代工的獲利率也日益降低，亟待升級。而準備升級需要支持性的資源，一則台灣官方不分黨派，已不再有能力與意願來施行有效的產業政策，再則若不能援用鄰近的大陸龐大資源，尋得其他資源將更為困難。至今，若檢視台灣主要的高科技企業的情況，則可見到鴻海是一個成功利用大陸資源來壯大自身，並布局全球，更進而據此準備轉型的企業，台灣資訊業的其他主要廠商則多仍處於艱難升級狀態。

此外，至今台積電可說是立基於台灣的最成功的、也是最重要的企業了，它在大陸僅做了有限的投資，主要營運在本地並持續成長。並且它已是全球性領先廠商，與三星與英特爾爭奪全球半導體產業的領導地位，能提供高薪工作，而這也是大陸至今仍未能追趕上的領域，雖說大陸對此領域必然會持續投入設法追趕。然而，台積電的成績雖極為突出，但恐不具代表性；同時它對台灣經濟的重要性極高，且份量持續升高，在 2019 年夏，在台灣股市中其市場價值的占比達到 21%，它每年設置新的晶圓廠的鉅額投資也是台灣總投資額的重要成分，例如，2018 年其就占台灣總投資額 15%，再如它 2019 年擴大投資的決定，也是該年台灣經濟成長率增高的主因。

換言之，台積電優異的成績也凸顯了台灣其他高科技領域的升

級成績之不足，以及缺乏多元化發展的風險。同時，必須再次指出，1987 年成立的台積電可說是過去台灣產業政策最傑出的成果，但也是最後的一項；它今日在台灣的位置既說明產業政策的可能作用，也凸顯出有效的產業政策在台灣已成爲絕響。

　　簡言之，戰後前三十年台灣在冷戰大環境下依靠美國的發展模式，各方面都面臨轉型壓力。從 1990 年代以來，隨著兩岸交流日益密切及大陸經濟快速發展，在政治與經濟方面，台灣發展模式面臨抉擇，兩岸關係成爲最關鍵的挑戰，而台灣社會至今尚未能夠凝聚出具有可行性及前瞻性的因應方案。同時，戒急用忍的政策也影響政商關係，政府因亟於要求企業盡量不赴大陸投資而多方籠絡，這雖未必眞的能夠延阻其赴陸投資，卻使得兩岸關係凌駕其他議題，導致政策更向資本傾斜。無法正視兩岸關係，並提出具現實性的因應政策，成爲現今台灣經濟發展最重大的障礙。

五、發展型國家轉型的比較：
台灣與南韓

二戰之後南韓與台灣經濟發展的途徑最爲接近，兩地也一直互相比較與競爭。而至今爲止，就人均所得增進的程度而言，兩地的發展成績仍可說是戰後後進地區之最。同時，兩者也被認爲是後進發展型國家的代表性典範，而兩者也都差不多同時從 1980 年代開始了民主化的階段，都經歷了曲折複雜的政治轉型的歷程。至今，如何評價兩者發展型國家轉型的成果？如前述，就此方面而言，台灣的轉型稱不上成功，而下文將呈現，南韓發展型國家的轉型是比較成功的，在各種轉折過程中，南韓較能維持政策的發展取向，使得產業升級成效較爲優異。

第一章的表 1.2 呈現了台韓等東亞四小龍從六十年代以來的年均 GDP 成長率，可觀察到四地在 1961 至 1990 年這三十年內，處於工業化初期的高速成長期，而在 1990 年代以來四地的經濟成長都開始趨緩，尤其是在 1998 年亞洲金融危機之後。而中國大陸則是從改革開放後至今仍處於較初步的高速成長期。如前述，就經濟成長率做比較的話四地差異雖然有限，但是，1990 年代以來，新加坡的表現在各個時期中都居於領先地位，而南韓次之，台灣在各時期則幾乎皆居於四小龍的末位。同時，更關鍵的是台灣經濟比較缺乏動能，投資比例較低，且不像新加坡與南韓皆能維持發展取向，

持續性地施行具有前瞻性的產業政策。因為新加坡有其城市國家的特殊性，在此將聚焦於條件相當的台灣與南韓進行比較。

(一) 戰後初期台韓發展模式的比較

　　一般而言，戰後初期台灣與南韓推動發展的模式高度相似，差異主要呈現在產業結構上的不同，即產業政策中是由何種企業擔任主角的差異。南韓最終採取了政府支持財閥的發展策略，而國府則是採取較為平衡的三管齊下的做法，即國營企業──民營大企業──中小企業各有角色。而這策略上的不同部分源於戰後初期兩地相關條件上有著相當的差異。

　　如前述，戰後初期國府具有高度的危機意識，這危機感一方面帶來了嚴酷的政治鎮壓，另一方面則使得國府高度關注分配的問題。國府因而採取各種措施，促使發展成果能夠較平均地分布，使得所得分配較為平均（見附錄中的附表 3）。例如國府在農村的土地改革大幅提高了自耕農的比例，日後也利用各種措施提高農戶的非農所得，壓低城鄉所得水準的差距；公部門的薪資結構相對扁平，上下差距不大；雖壓抑勞工運動，但容許甚至適時推動實質工資持續成長；扶植中小企業及勞力密集產業等。若拿台灣農家平均每戶可支配所得與非農家的數值相比較，其比例從 1960 年代至今，都在七八成左右，是極少數能夠將城鄉差距維持在較低水準的後進經濟體。這當然是依靠非農業所得的成長，從 1969 年起，台灣農家每戶所得中，來自非農所得的比例，就開始超過農業所得了。此處無法詳細討論這些措施，不過因為中小企業的角色較受矚目，以下將就此稍做探討。

在戰後初期，南韓李承晚政府很快就將接收的日產幾乎全面私有化，以當時條件而言也必然多是低價出售，這些企業就成為戰後財閥體制的基礎。在 1960 年代，朴正熙靠軍事政變上台後，開始積極推動經濟發展時，財閥已有相當規模，因而促使他採取了和財閥緊密結合的政策路徑。尤其是他在 1970 年代大手筆推動重化工業時，將發展不同產業的重任分別交給不同的財閥，並承諾政府將給予長期的支持。當財閥不斷擴大勢力範圍時，中小企業的空間必然受到擠壓[52]。

南韓戰後的民主運動承繼了殖民時代的反抗運動，並未像台灣那樣被國共內戰與冷戰完全切斷，並且一直在延續進行。爭取民主的力量來自學生、勞工與教會，這三方面的反對力量都有其來自過去歷史的傳承。當時他們的中小企業力量薄弱，而大企業與政府緊密結合。

在台灣戰後初期，如前述，國府因各種因素而普遍採取平均主義。它將最重要的日產工業在接收後維持國有化，而未將其大規模私有化，這一方面是為了維續統治的基礎，也是延續大陸民國時期國營的傳統；另一方面也與其扶植私有企業的方針相符，即國府在台灣自始即扶植私有企業，但扶植的同時也要確保沒有企業會大到造成統治上的威脅。因此國府在分配利益時，多試圖平均分配給各方勢力，使得私營大企業各自不會獨大，這樣的布局也給中小企業留下了較多的空間。同時，國營企業並未持續擴張，未擠壓私部門的空間。因此，戰後台灣的產業組織形成如下結構，即國營企業

52　Kim（1997）。

──私營大企業──中小企業，各有空間。中小企業的成長必須放在這背景來理解。同時，這樣的布局也有助於台灣戰後所得分配能夠較為平均。

當經濟發展起來之後，社會比較有條件挑戰威權統治，要求分享權力，會有民主運動產生是各國普遍的現象，差別在於主導力量為何的問題。在幾乎所有市場經濟國家中，大企業都會比較保守並會和政府關係較為密切，大企業也必然是政治力量拉攏的對象，政商勢力進而形成聯盟是普遍現象。相對於大企業，為數眾多而規模較小的中小企業必然和政府距離比較遠。

蓬勃的中小企業讓台灣製造業得以形成綿密的生產網絡，幫助撐起台灣的出口產業，然而，中小企業在各階段的產業升級中所扮演的角色卻是有限的。在台灣 1960 年代開啟的第一波出口導向成長中，中小企業出口各色各樣勞力密集產品，是出口的第一線廠商，而與此配合的產業升級，則是由他們的上游、較大型的中間原料生產者擔任。到了台灣進入高科技產業時，較大型的科技廠商成為第一線出口廠商，與外商及工研院合作移轉技術，而中小企業雖然仍然數目眾多，但轉而退居幕後，多數成為一般性零組件的供應者，並未能與大廠商合作開發技術、參與產業升級，同時其附加價值率遠低於大型廠商[53]。

相較之下，財閥在南韓經濟則一直扮演重要的角色，占 GDP 的比例遠高於台灣，而中小企業的發展空間則一直受到很大擠壓。雖說財閥之中有些如三星電子與現代汽車等，已經成功達成所被賦予

53　瞿宛文，安士敦（2003）。

的發展產業的任務，加入到世界一流企業的行列，但其高風險的財務槓桿操作，使得南韓不止一次陷入金融危機，同時財閥超比例的政治與社會影響力，也帶來負面的作用。不過，如下一節將指出，在東亞金融危機之後，由金大中領導的危機處理的政策，執意糾正過去偏重扶植財閥的做法，也推出了扶植中小企業進入新興產業的政策。

財閥的角色也牽涉到台韓在產業政策上另一顯著不同之處，就是國家冠軍隊（national champion）政策之有無，即政府是否扶植民族企業成為國際知名品牌。從朴正熙時代開始，南韓在扶植財閥的同時，也給予他們建立國際品牌的任務，而這牽涉長期的投入，也帶來較高的波動與風險，當然若成功也可能有較高的回報。國府則在扶植私人資本之時，強調雨露均沾的平均式分配，同時危機意識使得他們注重經濟穩定。再則，國府具有偏安心態，台灣被當作一模範省來建設，而不完全承擔為中華民族建立國際地位的責任，因此從未推動國家冠軍隊的政策。這也應是台灣工業化的成果，除了台積電之外，主要是以擔任全球製造（尤其是高科技業的）代工者的方式呈現的原因吧[54]。

若與南韓情況做比較，國民政府以中央政府規模來到台灣一省，它管控社會的能力有累積，經驗也甚為豐富，對於社會力量的掌控程度高，學生、勞工、教會等方面，都在他監督控制之下。尤

---

54 台積電可說是例外，它雖是「晶圓代工」廠商，卻藉此創造了一個產業，並且是高研發投入、以技術領先的世界領先廠商，例如它 2018 年研發占營收比例為 8%。

其是早期將台灣左翼的反抗者消滅殆盡，使得這社會失去了左眼[55]，失去了這重要的反抗反省的力量。同時，國民黨也在高度危機意識下，採平均主義式的發展模式，拉近城鄉、大小企業、與薪資水平間的差距。在這背景下，才能理解爲何台灣民主運動，會因而較少從社會或階級議題著手動員，因而較缺乏進步內涵，而走了省籍族群路線的民主化捷徑，這也轉過來深刻影響了經濟政策轉型的路徑[56]。

(二) 政治轉型中產業政策的比較[57]

就政治轉型而言，南韓的經歷可說是驚心動魄，相較之下，台灣的變化顯得遠較爲溫和。軍事強人朴正熙於 1961 年以政變取得政權之後，積極推動現代經濟發展，雖然成長績效甚佳，但其強勢手段也引發強烈反彈，他本人也於 1979 年被下屬槍殺。次年全斗煥以軍事政變取得政權，又以武力鎮壓光州民主運動，後於 1987 年在全國性民主抗議運動壓力下被迫辭職。當時漢城即將於次年舉辦奧運，壓力在即，全斗煥的繼承人盧泰愚宣布立即舉行總統選舉，當時民主派金大中與金泳三等未能統合，盧泰愚則採妥協態度，得以當選總統。後民主派中金泳三與盧泰愚合作，金泳三並因此於下屆 1992 年選舉時贏了金大中而當選總統，結束軍人掌政時期。1995

55　引自陳映真的訪談錄：「戰後台灣思想的特性是缺乏了左眼，左眼或許沒什麼重要，但人一旦失去左眼，平衡就有問題」，〈人生採訪—當代作家映象——專訪陳映真〉，楊渡採訪，王妙如記錄整理，2000/1/23-27，《中國時報·人間副刊》。

56　Cheng（1990）。

57　參考 Thurbon（2016, 2017）。

年全斗煥與盧泰愚相繼被起訴判刑，全斗煥原為死刑後改無期。下一屆總統選舉於 1997 年底舉行，當時正值亞洲金融風暴興起，一生為民主化奮鬥的金大中終於在危機之中當選總統。他面對嚴峻的金融危機，決定推動大和解，隨即與將卸任的金泳三協議特赦全斗煥與盧泰愚，並肯定他們對經濟發展的貢獻。金大中成功處理了危機並在推動改革後卸任，而同屬民主派的盧武鉉於 2003 年接任。然而 2008 年保守派李明博上任後，盧武鉉開始被依貪污罪調查，盧武鉉隨後跳崖自殺以明志。2013 年朴正熙之女朴槿惠當選總統，然而在任期將滿之際因被控收賄與親信干政，被逮捕入獄後被判刑 32 年。2018 年在朴槿惠身陷醜聞被迫辭職後，民主派文在寅當選總統，而同時李明博則因涉貪案而被判刑 15 年，是第四位被判刑的總統。民主派的金泳三與金大中雖未於卸任後身陷牢獄，但他們都有兒子因受賄被判刑。

南韓如此的政治轉型歷程可說是驚濤駭浪，顯示政治競爭極為激烈，保守派與改革派皆有相當實力，勝負互見。同時，與台灣不同的是，南韓的保守與改革兩派在意識形態上的確有實質性的差異，改革派除了揭櫫自由民主人權等目標外，也多擁抱社會民主價值，追求平等與勞工權利等，並且推行陽光政策與北韓友善，推動統一。而保守派除政策主張保守外，較為親美日並且反共，反對與北韓親善。此外，南韓還有地域因素的影響。

然而，大致而言，南韓保守與改革派總統幾乎都具有發展取向。若從盧泰愚算起這七位政治轉型後的總統，他們在經濟政策上雖有相當差異，然而仍著重追求經濟發展，並以產業政策來推動發展，只有金泳三或可說是例外。全斗煥與盧泰愚大致繼承朴正熙的

政策方向與架構，對於發展優先的政策取向並未做太大改變。

　　而金泳三傾向自由市場化，推動金融改革與市場自由化，並停止規劃已施行多年的五年期工業計畫，然而正是由於他主政時施行金融自由化上的缺失，急遽加大了亞洲金融危機來臨時南韓受創的程度。不過，即使是金泳三也強調經濟要發展，也未完全放棄產業政策，於 1995 年開始推動資訊化推廣計畫，推動寬頻等資訊基礎建設，並且開始將文創產業列為扶植對象，為日後「韓流」奠立基礎。

　　金大中在金融危機中即位，一方面改善金融治理的制度，且更進一步推動金融自由化，成功地帶領南韓走出危機。他更是以跨黨派、跨階級、凝聚共識的方式，在經濟、社會與政治各方面進行改革，包括政商與勞資關係，尤其是改革一向被批評最烈的政府長期提供金融扶植財閥的做法。他協助財閥重整，並大幅改革相關規範，並建立獨立金融監理單位。原先政府結合財閥促進經濟發展的方式，雖速效但甚為粗糙，以至於發生金融危機，並引發社會不滿，而此次是對體制的大改革大提升，並且也推動了轉型。他同時也改善社會福利制度。

　　金大中雖在金融方面進一步開放，但在產業政策方面卻未鬆手。他倡議文化立國，大幅推動影視文化產業，改革制度並增加預算，成果優異有目共睹，帶來至今已風行世界的「韓流」。此外，在重整破產的銀行時，也將一些銀行再度的國有化，並鼓勵創投基金發展。然而，與以往用公有銀行扶植大財閥的做法不同，他以此鼓勵中小企業的發展，以糾正財閥過於龐大的缺失，進一步促進民主化，同時，也仍是以此引導資金進入高科技等策略性產業。換言之，他將產業政策進一步完善化。

　　盧武鉉 2002 年底當選總統，而他的勝選被認為是受惠於南韓年輕人藉由網路進行聯絡宣傳，可說是開風氣之先。他雖是人權律師出身，但自己熟用網路，當選後即宣布要進一步推動資訊產業的發展，並邀請當時三星數位媒體部門的負責人陳大濟，擔任情報通信部部長，希望能促使南韓成為科技強國，並藉此盡快達到人均所得 2 萬元美金的水平。陳大濟推動了著名的 IT-839 計畫，為日後全面布建智慧網路的 U-Korea 計畫做準備。這計畫著重基礎建設（如寬頻），協調並促進新興通信工業及服務業的發展方向及標準，並指引新的發展引擎，可說是甚為前瞻性地開啟了南韓日後在這方面的全球領先地位。

　　同時盧武鉉延續金大中的平衡發展政策，重新利用政策銀行來支持推行產業政策，用其來扶植中小企業進入上述的新興產業。由此至今，公營的韓國發展銀行成為最重要的政策銀行及創投基金。

　　2008 年政黨再次輪替，保守派李明博當選總統，他企業出身，推動經濟成長當然是其號召，甚至喊出年成長率要達到 7%，人均所得要到 4 萬美元等目標。但是當時正值全球金融危機，如此高標與現實有相當距離。不過，他如預期的積極推出產業政策促進發展，尤其是繼續並擴大利用政策銀行，來推動他的綠色發展，延續他在首爾市長任內整治清溪川的政績方向。此外，原先既有的推動高科技業及文創業的產業政策仍在持續進行。而同屬保守派的朴槿惠於 2013 年接任總統，大致延續既有的路線。此時政策性貸款在南韓銀行貸款總額的占比已達到四分之一，清楚呈現積極性產業政策的回歸。改革派的文在寅於 2017 年就任總統，他雖積極推動改革政綱，包括與北韓親善、整頓財閥、提高薪資等，但同時仍在持續推

動既有的產業政策。例如，他於 2019 年參訪三星時，即表示將持
續以政策推動半導體產業，目標之一是支持三星取代台積電，成為
全球晶圓代工第一名。

　　目前尚無法全面評估南韓這二三十年來產業政策的成效，但從
這些現實可以歸納出以下幾點觀察：一是南韓政府無論保守或改革
派，在政治競爭壓力下，都必須提出振興經濟、提高國家地位的目
標，社會對於維持經濟發展仍然是有共識的；二是雖然無法評估個
別產業政策的成效，但是基本上，若與台灣比較，在民主轉型後，
南韓遠較能在政策方向上維持發展取向，因此在成長績效上、在發
展願景上，皆優於台灣；三是因為南韓各屆總統都維持發展取向，
既有的經建官僚機構就仍能持續以具有「鑲嵌自主性」的方式推動
發展，而與此相較，台灣則未能如此，既有經建機構的專業與自主
性已受到民主轉型的顯著影響。以下簡要呈現台韓在 1990 年代以
來經濟成長各方面的異同。

　　當然首先必須言明的是，在民主轉型的同時，台韓兩地都同樣
地面對經濟與社會轉型及全球化的嚴峻挑戰。一來內外經濟開放程
度日增，全球化競爭壓力日增，整體競爭環境挑戰更加嚴酷；再則
鄰近的龐大中國經濟快速興起，對東亞地區同時帶來發展機會與競
爭壓力；而台韓都已進入成長速度放緩的成熟發展階段，人口老
化，高等教育人口增加，但新興產業帶來的工作機會有限，所得分
配惡化等問題。在此環境下，上述的產業政策顯然無法解決所有的
問題。換言之，南韓也與台灣一樣面臨諸多轉型難題，在有些社會
問題上可能更為嚴重，例如自殺率持續增高，以至於文在寅總統在
2018 年新春談話中，特別提出降低自殺率的目標，又例如老人貧

窮問題嚴重等。

不過，這些都是在現今這全球環境下，後進地區必須共同面對的問題。而同時，各地區間經濟發展的競爭仍天天持續著，要繼續成長才能維持榮景、充分就業、以及社會未來的希望與前景。而在這方面，無論就產業升級、投資動能、前瞻性願景而言，在民主轉型後南韓的成績是優於台灣的，以下將從幾方面來陳述。

⑸ 人均所得、物價與實質所得的比較

2018 年底，南韓官方宣告南韓人均國民生產毛額 GDP 如預期地超過了三萬美元，並進一步預測五年後可達四萬美元。而台灣的人均 GDP 則雖在 1992 年達一萬美金，到了 2011 年才破二萬美元，預計 2019 年為二萬五千餘元，同時也很少人敢預測何時會超過三萬美元。

如圖 5.1 所呈現，在 1992 年，台灣人均所得第一次超過 1 萬美元，而此時南韓人均所得仍只有台灣的 74%。不過隨後幾年南韓快速縮小差距，在亞洲金融危機爆發前的 1996 年已差不多趕上。1998 年南韓經濟受亞洲金融風暴重創，人均 GDP 大幅下滑至 8085 美元；而當年台灣的人均所得只小幅下跌至 12840 美元，足足領先南韓 4000 多美元。不過如前述，在金大中任內南韓迅速復甦並大幅進行改革而且升級，到了 2003 年即已趕上台灣，台韓的人均同時達到 14000 美元左右，在此「交叉」之後南韓即一路領先台灣至今。東亞金融危機二十年後的今天，台灣從領先 4000 多美元變成落後 6000 美元，來去之間則是整整 10000 美元的失落。觀察進入新世紀以來的變化，台韓兩地的優劣易位甚為顯著。

圖 5.1　台灣南韓人均 GDP，1991-2018（當期美元）

資料來源：南韓資料取自 World Bank 資料庫，台灣資料取自主計處總體統計資料庫。

　　圖 5.2 則進一步直接呈現南韓相對台灣的人均 GDP 比例的變化，顯示兩地成長的趨勢變化。南韓人均所得增速大致較快，不過受到兩次金融危機較大的衝擊，但隨之快速恢復增長，至今人均 GDP 已超過台灣水準 27%，一般預期南韓的領先差距仍將持續擴大。此外，如前文表 1.1 所顯示，若以台灣與美國的人均 GDP 的相對比例作爲「追趕」先進國的成效指標，則台灣從 1995 年達到 46% 的高峰之後，即倒退並維持在 40% 左右，而南韓在歷經危機與多次起伏之後，它的人均 GDP 於 2018 年已達到美國的 50%，換言之，新世紀以來台灣未能縮小與美國的距離，而南韓則繼續接近中。

　　上面所引用的數字是名目人均所得，是以當年美元計價，代表各國的生產力與發展水平，也是在當年度世界各國經濟橫向評比的依據。或許有人會指出台灣物價比南韓便宜，因此經過物價指數平減過的實質所得比較高。確實，依據實質人均所得，台灣的排名則一向超過南韓。若參考 IMF 在 2019 年初發布的購買力平減實質人均所得統計，台灣的數值已超過五萬國際美元[58]，全球排名第 17，高於日本與南韓的第 31 與 32 名。台灣躋身這實質人均所得前二十名的榜單也已多年了，只是在低迷氣氛中，所引發的反應恐怕不是榮譽感，而是無奈或質疑。而依據 IMF 的 2019 年名目人均所得的排名，新加坡爲第 9，南韓第 30，台灣第 38。

　　實質人均所得排名較前，當然是因爲台灣物價水平相對較低。新世紀以來大家若出外旅行，也一定會有此發現，就是不只東京與首爾，連北京上海等大陸城市的物價水平也比台北高。較低的物價

58　一國際美元在各個國家可購買到相當於一美元在美國可購買到的商品價值。

圖 5.2　人均 GDP：南韓相對台灣之比例，1991-2018（%）

人均 GDP：南韓/台灣

—— 南韓/台灣

資料來源：同上。

使得同樣的名目所得具有較高的實質購買力，然而，這是一個值得
台灣欣慰的優勢嗎？

　　雖然個別消費者都會希望物價低廉，然而對於整體經濟而言，
物價持續低廉反而是顯示升級困難，絕非好的徵兆。至今，台灣經
濟可說已陷入一個低投資——低成長——低物價——低薪資——低
預期的惡性循環中。一般人因預期薪資不增長，而抗拒物價提高，
這又帶來低價競爭而非升級，因而利潤、需求、所得趨於低位。與
此相對照，一個有前景、成長中的經濟，即如數十年前的台灣，消
費者與企業都預期未來會增長會升級，那是一個物價隨著薪資與生
產力穩定上升的良性循環。而近來，若與台灣相比較，南韓就較大
程度的維持著一個成長的良性循環模式。

　　大致而言，在 1990 年代，台灣經濟在過去奠立的基礎上，進
入繁榮發展階段，在當時可說一片榮景。一方面台灣高科技產業成
功取得全球代工者的角色，得以隨著國際高科技業的成長而蓬勃發
展，另一方面在國內市場自由化之後，現代服務業在政策鬆綁之後
開始大幅擴展及提升，包括金融、通訊及量販等。

　　同時，在 1998 年亞洲金融風暴來臨之際，台灣受惠於國府一向
對金融管制的戒慎恐懼，而得以倖免於難，相較於南韓的落難，更
難免感到自滿。只是如前述，危機對南韓確實成為轉機，金大中任
內大刀闊斧的改革，帶領南韓走入新的階段。而相反地，台灣卻未
能持續革新。例如，台灣自 1990 年代開始已進行了多輪的金融變
革，包括 1990 年代初廣設銀行與金融機構，陳水扁政府兩次推動金
融改革等，然而，成效不佳，據學者研究，資本市場的效率不單沒

有改善，反而日趨惡化[59]，同時加深了資金過剩、投資不振的問題。

因此，到了新世紀之後，台灣經濟情勢進入另一個局面。簡言之，台灣的代工業者也隨著國際高科技產業的成熟化，而進入薄利量產的階段，成熟的大量生產的部分也已外移至中國大陸等地，然而產業升級以及多元化的進展卻顯得緩慢。而在出口成長趨緩之際，內需並未能取代出口成為成長引擎，台灣經濟依賴出口的比例更見升高，從 1980 年的 52% 增至 2017 年的 63%，同時因投資不振，因而貿易順差與超額儲蓄不斷增高。再則因為新興產業的發展有限，因此如圖 4.6 所示，經濟更加依賴高科技產業。而國內市場的壟斷程度則逐步增高，競爭度的減少使得服務業的發展遇到瓶頸，原先 1990 年代服務業的生產力仍有長足的進步，進入新世紀之後卻變得停滯不前。如表 5.1 所呈現，2003 年至 2014 年間，台灣服務業勞動生產力年平均成長率僅 0.68%，薪資為負 −0.74%。

在數據上可觀察到高科技產業升級乏力，這顯現在如下的變化上，即高科技產品價格在 1990 年代維持增長，並且增長率高於一般出口產品，然而從新世紀開始，則是每年持續下降，並導致出口價格指數持續下跌。工業部門的生產力仍持續增長（表 5.1 顯示在 2003 年至 2014 年，工業勞動生產力年平均成長率仍達到 5.08%），但價格持續下降，而服務業則是生產力與價格皆呈現停滯。

另一方面，這發展趨勢也呈現在近來台灣貿易條件的惡化，從新世紀初以來，進口價格指數持續上升，而出口價格則持續下降；而在 1990 年代兩者的走勢仍甚為相當。新世紀以來貿易條件的惡

59　盧姝璇（2018）。

表 5.1　台灣實質薪資與生產力成長率，1981-2014（%）

台灣 1981–2014		
	每工時實質薪資成長率	勞動生產力成長率
工業與服務業		
1981–2002	4.90	5.78
2003–2014	0.06	2.46
2003–2014		
工業	0.82	5.08
服務業	−0.74	0.68

資料來源：林依伶，楊子霆（2018），表 2 與表 5。

化，雖說一方面與石油價格上漲有關，不過另一方面應也是由於高科技產品出口價格難以提升[60]。

　　南韓是否有類似的情況呢？南韓工業部門也面臨相似的問題，即出口價格相對下降，但程度較台灣為輕。更重要的是，南韓的服務業表現遠較為優異，近十多年來生產力持續成長，價格也隨之上升。如表 5.2 所呈現，在 1992 年至 2014 年間，南韓工業勞動生產力年平均成長率達 6.12%，稍高於台灣的 5.16%，而服務業勞動生產力年平均成長率也有 2.77%。此外，在同時期，因南韓產業升級較為成功，工業品價格下降較緩，服務業價格甚至上升，因此工業的實質薪資年均成長率為 4.19%，服務業為 2.96%，優於台灣同時期分別為 1.55% 與 1.17% 的數值。

　　南韓這成果當源自前述的發展，即 1990 年代以來，南韓歷任總統不分黨派都持續推動產業政策，不單高科技業製造部分有所升級，並且也推動相關高科技服務業的發展，當然還有極為成功的影視文化產業。同時，南韓對於財閥角色爭議不斷，危機後也推出各種政策，以限制財閥擴張並扶植中小企業，有助於促進市場競爭。

　　相較之下，在同樣這段期間內，台灣的政府並未推動有效的產業政策，尤其是在兩兆雙星計畫失敗之後，因此高科技製造業部分升級遲緩，而原先重製造、輕服務的產業政策模式並未被修訂，因此服務業尤其是影視文化產業的發展甚為有限。同時，既有的集團企業在 1990 年代積極進入剛開放的特許產業，並推動了這些產業的發展，但 1990 年代以來，規模有限的國內市場壟斷程度日益升高，

60　此處皆參考林依伶，楊子霆（2018）。

表 5.2　南韓與台灣實質薪資與生產力成長率，1992-2014（%）

	每工時實質薪資成長率	勞動生產力成長率
南韓 1992-2014		
工業與服務業	3.37	4.11
工業	4.19	6.12
服務業	2.96	2.77
台灣 1992-2014		
工業與服務業	1.37	3.76
工業	1.55	5.16
服務業	1.17	2.31

資料來源：同表 5.1。

集團企業的進步有限，且多未能跨出國門進入全球市場，但市場壟斷這議題並未成為社會注意的焦點，因此並未有足夠政治壓力來推出促進國內市場競爭的政策。南韓財閥規模龐大，政商關係遠較為糾結，但因為南韓左翼實力堅強，社會公平議題持續受到關注，因此財閥角色一直是民主派關切的議題；相較之下，台灣集團企業雖規模不如南韓財閥，但其在內部市場的壟斷力及政治影響力仍甚為可觀，但因為族群議題居於主導性位置，壟斷議題遂未能成為民主化運動持續的關注對象，因此社會對政商關係也缺乏持續性的監督力道。

㈣ 台灣實質薪資為何低落

　　近來台灣社會對物價上漲甚為抗拒，雖說如此其實不利於升級與發展，然而這抗拒也是因為台灣新世紀以來實質薪資停滯不前的緣故，也就是前述的低薪資與低物價的低發展型的惡性循環。人們不介意低物價，但薪資停滯不前可說是當前社會大眾心頭之痛。對於如何提升薪資，社會議論紛紛，政府也曾推出諸多對策，但成效不彰。

　　台灣薪資水平為何停滯不前？當然原因眾多而複雜，包括一些耳熟能詳的理由，如全球化及中國大陸經濟興起、經濟成熟升級困難、人口老化等。不過，其實最主要的原因還是經濟發展「缺乏動能」，如前述，台灣資金極為充裕，但企業卻吝於投資，以至於爛頭寸充斥。只有當企業認為前景看好，預期業務會增長或有新的商機時，才會願意投資擴張產能，如此才會提高薪資以便積極延攬人才。換言之，企業若不預期未來會有增長，就不會提高員工薪資。

因此，台灣薪資停滯的主要原因，在於缺乏經濟前景。

　　若與南韓比較，投資額占 GDP 之比例即清楚呈現出顯著的差距。如前表 4.2 所示，以固定資本形成毛額來看投資，台灣平均投資年成長率由 1990 年代的 8.2% 降至新世紀的 0.7%，而同時期，投資毛額占 GDP 之比例則由 26.3% 降至 22.5%。南韓投資毛額占 GDP 比例則大致維持在每年 30% 左右，顯示出較強的動能。再則，如前述，扣除固定資本消耗之後的固定資本形成淨額因為是實質的新增投資額，更能代表投資動態，前文之圖 4.2 已呈現了台灣固定資本形成淨額占 GDP 的比例，新世紀以來逐年下降的趨勢。而表 5.3 顯示，南韓不單投資毛額持續維持在三成以上，高於台灣的二成，更重要的是，其扣除固定資本消耗後的新增投資占 GDP 的比重，更是持續維持在 12% 以上。相對照，台灣固定資本形成淨額占 GDP 比重，則從 2000 年的 14.2%，2010 年降至 7.3%，2017 年更已降至 4.9%，同時新世紀以來，最重要的高科技產業的淨投資比例更是以驚人的速度萎縮。在台灣投資動能逐步減弱之時，南韓則持續累積新增投資，為生產力進步與產業升級提供了堅實的基礎。

　　此外，台灣每年的投資額之中，包括台積電等半導體大廠的鉅額投資占了極大比例，例如 2018 年占比為 15%，而他們的投資主要項目是向國外購買半導體製造設備，本地所能生產的設備甚為有限，其中成績最佳的本地廠商漢微科技則已於 2016 年被外資收購。相較之下，南韓新世紀以來則見到政府與三星及海力士共同合作，以產業政策來大力推動提高半導體製造設備的自給率，且已有相當成績。台灣則可說已沒有有效的政策動能來做此項推動。

　　再來看實質薪資本身的變化（見表 5.1 及 5.2）。如前述，南韓與

台灣一樣，都有成熟老化，經濟成長放緩，薪資增長乏力的問題。然而，即使如此，南韓在實質薪資上的表現仍明顯優於台灣。以實質薪資增長爲例，台灣實質薪資年平均增長率在1990年代還有3%，但進入本世紀後平均已爲零，因此從1990年代以來平均增長1.4%，而南韓仍有 3.37%，差距可說顯著。

　　較爲弔詭的是，台灣 GDP 年年仍有增長，但爲何實質薪資卻沒有增長？一則，台商進行三角貿易（台灣接單、海外生產）時所匯回台灣的資金，會以服務輸出的方式計入本地 GDP 之中，然而其在本地所帶來的就業與勞動所得甚爲有限[61]。再則，GDP 以工業產品爲主要內涵，而新世紀以來台灣工業價格持續下降，尤其是相對於進口價格而言，這使得 GDP 的實質價值相對上升；然而薪資是以（包含進口品的）消費品爲主要內涵，實質薪資是用消費價格做平減而得之，新世紀以來進口價格相對上升，貿易條件持續惡化，導致消費價格相對上升，因而實質薪資相對下降[62]。此外，新世紀以來勞動生產力成長趨緩，尤其是服務業勞動生產力成長停滯，而服務業占就業人口達六成。同時，因投資不振，產業升級乏力，而資本市場效率下降，因此包含勞動與資本生產力的「總要素生產力」幾乎沒有成長[63]。投資增長才能促進生產力的提升，並帶來薪資的增長，因此，台灣薪資停滯的原因還主要是低投資——低成長——低預期——低物價——低薪資的惡性循環所致，而政府缺乏有效產業政策推動發展是循環形成的主要原因。

61　感謝劉碧珍教授指出這點。
62　參見林依伶，楊子霆（2018），林常青，張俊仁，盧姝璇（2017）。
63　盧姝璇（2018）。

　　南韓工業實質薪資的增長也滯後於生產力的增長幅度，但幅度較台灣小，同時南韓的服務業的生產力與實質薪資成長高於台灣。更重要的是，南韓的工業與服務業部門都沒有如台灣一般，呈現價格持續下降的趨勢，這差異清楚顯示台韓投資比例上的差距，即如前述，2017 年固定資本形成淨額占 GDP 的比例，台灣僅 4.9%，而南韓達 12%（表 5.3）。源於南韓持續不斷的擴大投資，其創造價值的能力、產業升級與多元化的成果如預期的優於台灣，應也是南韓人均所得先於台灣而超過三萬美元的原因。

　　從另一個角度看，同樣面對嚴峻的升級挑戰，南韓產業升級及多元化的成果，卻已是大家耳熟能詳的現實了。南韓的三星、現代、起亞已躋身全球百大品牌，文創與通訊業等也早已領先台灣，而「韓流」除了風行亞洲多年外，近來甚至已成功進占美國市場。

表 5.3　台灣與南韓固定資本形成占 GDP 比重，2000-2017（%）

	固定資本形成毛額 占 GDP 比重		固定資本形成淨額 占 GDP 比重	
	台灣	南韓	台灣	南韓
2000	26.3	31.6	14.2	14.5
2010	23.6	30.5	7.3	12.2
2017	20.5	31.1	4.9	12.0

資料來源：主計處，國民所得統計。
注：從固定資本形成毛額中扣除固定資本消耗，則得到固定資本形成淨額。

(五) 同樣民主化，為何經濟發展成績不同

南韓戰後發展起步雖晚於台灣，不過一路快速追趕，整體而言，從 1990 年代開始的這二三十年升級轉型過程中，南韓是清楚地表現優於台灣。同樣的民主化，為什麼經濟發展成績有如許差異？

長話短說，差別應主要在於南韓不同於台灣，沒有政治上國家認同的分裂，並且有社會左翼帶來制衡及促進改革的力量。南韓的民主化過程雖是驚濤駭浪，政權也不斷更替，然而無論政爭如何激烈，國家認同卻沒有爭議，國家要富強、產業要升級持續是社會共識，既有的產業政策機制持續維持運作，有能力的經建官僚體制並未持續遭到質疑與打擊。因此二三十年來，積極推動重要新興產業的政策得以陸續出爐，包括文創產業，並已有相當成效。在面對中國經濟崛起時，他們也曾焦慮不安，但經激烈討論後，積極西進成為社會接受的因應方案。同時，政治黨派鬥爭不會影響到他們對自身既有文化的承繼，因此他們的文創產業可以其為堅實基礎而予以創新發展。此外，南韓左右雙方的爭議有實質意涵，左翼力量能夠一再地協助推動反省與實行改革，例如亞洲金融危機後南韓即進行了大幅的改革。

相較之下，台灣的情況與此截然不同。1990 年代的亞太營運中心可說是台灣最後一個整體性規劃了，戒急用忍之後獨立建國成為主要政治目標，然而依據這目標卻無法規劃出具有可行性的經濟發展策略，因為台灣在現實上無法規劃出一個自外於中國大陸的經濟願景。因此，現今就台灣要如何繼續發展而言，既缺乏藍圖，也缺乏社會共識，既有的產業政策機制逐步解體，經建官僚體制遭到質

疑與打擊。因此二三十年來，可說未曾有過成功的推動新興產業的產業政策。同時，台獨論述自我否定了作爲台灣人主體的漢人對自身既有文化的承繼，文創產業因缺乏基礎而成果有限。再則，台灣社會的黨派爭議多缺少實質意涵，並缺乏足夠左翼力量促進反省與改革。

　　南韓沒有國家認同之爭，這是很關鍵的差異。南韓因爲不需要費神進行沒有生產性的認同之爭，因此可以將心力投入到實質性的事務，政治競爭與政策爭議雖極爲激烈，黨派對立也甚爲顯著，但是所牽涉的多是實質性的問題。此外，多年來南韓的左翼力量，累積了令人尊敬的實力與價值。

　　且以南韓一個民間團體爲代表案例——人民參與連帶（People's Solidarity for Participatory Democracy），來說明台韓民主化運動的差異及其影響[64]。南韓戰後民主運動持續不斷，並上承殖民時期的反日抗爭，學生、勞工及教會積極分子聯合持續地參與，抗爭不斷且甚爲激烈[65]。到了 1994 年，軍人政權雖已經結束，一些共同參與民主運動者認爲必須持續監督權力，並參與社會改革，因此成立了這個團體。

　　人民參與連帶成立至今已二十餘年，他們成立之初即聲明不接受政府資金與企業捐助，經費來自會員的會費（約四分之三）及少數個人捐款，目前會員約有 15000 人，因此多年來他們可以支持約

64　可參考其網頁，http://www.peoplepower21.org/English/39340，筆者曾數次參訪其在首爾的總部。

65　據韓國友人告知，他們在威權時代每次上街示威抗議時，都預期回來時（若沒被逮捕）必然會頭破血流。

50 多位全職的工作人員！他們目標主要是監督政府與大企業，並研究提出改革政策，以促進民主。他們設有十多個部門，除了社會福利、勞動權益、賦稅改革等可預期的部門外，也分別有專門監督司法、立法、與行政單位的部門，對重要相關人物皆設立檔案、長期追蹤，此外還有部門專注於吹哨者保護、公共利益、和平、及經濟金融等議題。歷年來曾發動各種相關的運動，反美的議題包括反軍購、反美牛、反對派韓國軍隊至中東等，持續倡議建立社會福利制度、提高基本工資、推動保護吹哨者條款、立法反腐、反高學費、徵集股權參與大企業股東會提出進步提案等。可說是較廣泛的、有組織的集結社會進步力量，參與社會與政治，在實質上代表公共利益的「民間社會」力量的展現。這也顯示他們這一群人藉由長期共同參與民主運動，對於要追求的目標與價值，已凝聚相當程度的共識，互相之間也有相當的信任。

　　相較之下，台灣社會從民主化運動開始之後，可說沒有相類似的社會團體。至今，台灣社會運動團體依靠政府與企業資金者居多數，甚少有能純依賴會員會費而運行者，更沒有能達如此規模及涵蓋範圍的。上述各類議題，一部分在台灣可能分別由不同團體負責倡議，但特別與廣泛「公共利益」相關者，例如長期監督司法、立法與行政單位，以及保護吹哨者等之重要工作，則並沒有長期負責此類工作的團體。比較常見的是倡議個別議題的小型社運團體，規模較大者則多依賴承接政府與企業標案維持營運。同時，台灣民主化運動藉由省籍路線來反對威權政府，近來更轉化為台獨反中，凝聚的共識聚焦於省籍與台獨，獨立建國遂成為凌駕於其他個別訴求的價值與目標。影響所及，從 1990 年代開始，就甚少有社會團體

是以監督政黨執政為職志的，而這問題在民進黨執政的時期尤甚。此外，因個別運動團體倡議各自的訴求議題，反發展的傾向也較為普遍，較不容易依據「公共利益」互相進行協調折衝。

南韓經由反對運動所建立起的社會力量，較具自主性、較能協商公共利益，民主派並未被認同議題所分裂，對社會民主價值有較大共識，同時，並沒有一致反發展的傾向，仍然認可繼續追求整體經濟發展的目標。此外，在戰後南韓社會中一直有左右力量的實質抗爭，即使發展策略是以財閥來擔綱，以至於財閥勢力籠罩社會與政治，然而，左翼的力量仍能對財閥勢力持續帶來監督與制衡的作用，給予社會反省與再生的力量，因而南韓社會得以持續在推動經濟發展、追求社會公平上持續推進。

換個角度來看，台灣戰後初期留下的冷戰遺產——社會左眼的消失，也導致了日後民主化運動中幾乎不存在左右議題的爭議，黨派之爭也並不是以左右價值對抗為主軸。因此，在台灣民主轉型中，一方面民主化論述導致國家認同的分裂，解消了以往由發展型國家推動發展的機制，另一方面在台獨議題優先於其他考量的政治局面下，對於資本壟斷力量上升、社會貧富差距擴大等議題，社會卻缺乏足夠左翼力量來與之制衡並促進改革。即如前引 Piketty 所言，財富分配多源於政治因素，並不是純經濟因素，而台灣近年來經濟低迷、貧富差距擴大，社會卻缺少推動經濟發展及追求社會公平與進步的動力，這也是民主轉型影響下的結果。政治競爭的方式在 1990 年代即已定調，是承繼民主化運動的省籍與台獨議題，之後即使政黨多次輪替，都仍未離開此基調。以上種種帶來台灣政治、經濟與社會轉型的困難，內部難以形成較有效的機制，來討論必須

共同解決、互相折衷的政策議題。

　　簡言之，南韓因為沒有國家認同分裂的問題，故能持續推動整體經濟發展，同時也讓社會左翼能發揮制衡力量而能促進改革。而台灣的民主轉型的道路則導致國家認同的分裂因而缺乏推動整體經濟發展的動力，同時社會缺乏制衡的力量故難以推動改革。這些因素應是民主轉型之後，台灣整體表現不如南韓的主因。

六、結語

　　台灣及其他東亞國家依靠發展型國家模式而在戰後成功地發展了經濟。1990年代以來民主化帶來的影響，是否導致台灣發展型國家模式的解體？本書主題即是探討此重要議題。為了理解政治與經濟轉型的背景，本書先對台灣戰後發展型國家的形成與動力做一敘述，指陳國民黨政府在台灣推動經濟發展的政治意志，源自中國百多年來面對西方與日本挑戰，為了救亡圖存而形構成的現代中華民族主義。發展型國家的政策模式主要包括執政者對經濟發展的堅定支持，經建官僚體系有能力且具自主性，以整體發展為目標，發展的優先性得在政策協調上顯現。而這些部分在1990年代以來則都受到民主化過程的衝擊。

　　從1980年代開始，台灣政治與經濟方面的轉型幾乎同時進行。關於民主化對於經濟政策轉型的影響，本書分幾方面闡述：一是就擴大政策目標以包容經濟發展以外之考量因素而言，民主運動雖成功呈現了社會對其他目標的追求與期望，但民主轉型中社會議題之爭議趨向黨派化，社會對如何修正發展優先政策不易形成共識，政策協調不易達成。二是就政策是否持續以追求整體經濟發展為目標而言，台灣政治競爭模式日趨分化及黨派化，且國家認同分化，伴隨著全球化的影響，經濟政策趨向短期化、口號化，且常以爭取選票的民粹邏輯為主要考量。三是討論主導性經濟理念的變化，因民

主運動全盤否定以往國民黨政府政績，並進而否定發展型國家發展爲先的理念，使得新自由主義成爲主導性理念；但自由放任的原則無助於建立新的規範，對全球化帶來的擴大貧富差距的影響缺乏對策。

　　在此結語處將著重總結第四個方面，即台灣經濟定位與未來願景之闕如的問題。民主轉型中形成的主導性論述，強調台灣新國族的打造，但在現實上無法爲台灣經濟界定出一個獨立於中國大陸的位置，也使得台灣經濟願景難以形成，遑論落實。民族主義要能夠有效力，是要能成功的將抵禦外侮作爲建立民族經濟的動力。台灣的台獨論述先是將同在台灣的國民黨與外省籍者視爲敵人，其後將尚未涉足台灣的中國大陸視爲敵人。如此的界定或許幫助了台灣民主化的進程，但無法由此爲基礎，來規劃出推動台灣整體經濟發展的政策與目標，無法提出有具體內容的經濟目標，遑論具前瞻性的未來願景。

　　若與戰後初期情況做比較，當時菁英是以「在台灣發展現代化民族工業」爲經濟目標，來達成其「救（中國之）亡圖（中國之）存」的政治目標。對照之下，兩者的差異顯著，即戰後初期執政菁英的民族主義動力，是來自數代中國人對西方實質侵略的回應，及眞實歷史經驗的累積，其經濟目標也非常具體並具有前瞻性。當時成功推動發展的模式，雖被稱之爲「發展型國家」，但其實動力來自於救亡圖存，而不是發展主義，因而具有整體提升的共識與理想。但目前台灣主導性本土論述則在兩方面都闕如，顯示出目前主導性論述的難題，這可說是民主轉型帶給台灣經濟發展的最大難題。

　　若將南韓民主轉型的經驗與台灣比較，則更可爲本書上述說法

提出佐證。即南韓民主化過程遠較台灣激烈，政治鬥爭至今猶熾，然而爭執多涉及實質政策差異，並且各派在國家認同上並無不同，因此歷任總統皆持續施行前後一貫的產業政策，雖可能各自有其重點，但有志一同推動經濟發展。因此之故，兩地政治轉型從 1990年代以來，南韓在產業升級、經濟成長方面的成績，清楚優於台灣，並且具有較為前瞻性的願景。同時因為南韓社會左翼較能發揮制衡的作用，故能帶來反省與再生的力量追求社會進步。這再次顯示落後地區追求現代經濟發展，一來是生存必須，再則可以是團結整體、共同提升的現代化計畫。雖然南韓與台灣一樣，發展至今，經濟發展模式必須全面升級並包容各方面的考量，同時這各種不同目標之間的協調，在南韓也甚為困難，然而，一致的國家認同以及與其相伴隨的追求國家經濟發展的共識，以及左右力量的制衡，顯然有助於社會在各不同目標間達成折衝，進而整體可以繼續往前走。在台灣，則因認同的分裂而缺乏發展共識，故難以進行協調繼續往前。

　　總之，台灣過去發展型國家模式必須轉型，但從 1990 年代以來至今轉型並不成功，台灣現在的經濟可說是在高度透支以往奠立的基礎。因此我們現在需要的是一種「超越」而非「否定」以往傳統經濟發展的發展觀，並且需要尋回失去的左眼，如此社會才能平衡的發展，並將社會各種訴求包含在一個有現實意義而又具有前瞻性的經濟願景之中。更重要的是，兩岸關係已經成為最迫切、最關鍵的挑戰，若無法直接面對這現實，並尋求兩岸和解與因應之道，是無法提出具可實踐性的發展計畫與願景的。

附錄
台灣經濟成長相關指標

附表 1　重要經濟指標一，1952-2017（%）

	年平均成長率						消費者物價指數
	實質 GDP	人口	人均 GDP	資本 形成	工業 生產	出口	
1952-60	8.5	3.6	4.5	14.1	11.9	22.1	9.8
1961-70	10.3	3.1	6.8	15.4	16.5	26.0	3.4
1971-80	10.5	2.0	7.7	13.9	13.8	29.5	11.1
1981-90	8.2	1.4	6.4	7.9	6.2	10.0	3.1
1991-00	6.7	0.9	5.1	8.2	5.1	10.0	2.6
2001-10	4.2	0.4	2.2	0.5	6.6	7.6	0.9
2011-17	2.5	0.3	2.6	1.0	3.5	3.3	1.0
2001-17	3.5	0.3	2.4	0.7	5.3	5.8	1.0
1952-2017	7.4	1.7	5.3	9.0	9.0	15.5	4.6

資料來源：1. 行政院主計處，總體統計資料庫。2. 2018 Taiwan Statistical Data Book。

附表 2　重要經濟指標二，1952-2017

	人均 GDP（US$）	資本形成占GDP比（%）	出口占GDP比（%）	貿易餘額（百萬美元）	GDP產業分配（%）		
					農業	工業	服務業
1952	213	11.3	8.0	−71	32.2	19.7	48.1
1960	164	16.6	11.5	−133	28.5	26.9	44.6
1965	229	17.0	19.4	−106	23.6	30.2	46.2
1970	393	21.7	30.4	−43	15.5	36.8	47.7
1975	978	31.3	39.9	−643	12.7	39.9	47.4
1980	2,385	30.7	52.6	78	7.7	45.7	46.6
1985	3,290	19.5	52.5	10,678	5.7	44.6	49.7
1990	8,124	23.1	44.5	12,639	4.0	38.9	57.0
1995	12,918	25.7	46.3	9,330	3.3	33.1	63.5
2000	14,704	24.4	52.2	11,218	2.0	30.5	67.5
2005	16,051	21.9	61.0	15,817	1.7	31.3	67.1
2010	18,503	20.7	71.5	23,364	1.6	31.1	67.2
2014	22,648	21.0	68.1	39,670	1.9	34.1	64.0
2017	24,318	20.5	65.2	57,983	1.7	35.4	62.9

資料來源：1. 主計處，總體統計資料庫；2. Taiwan Statistical Data Book，歷年。

附表 3　台灣社會指標，1952-2017

年	人口（千人）	勞動參與率（%）	失業率（%）	平均壽命		嬰兒死亡率	識字率（%）	所得最高五分位組為最低組的倍數
				男	女			
1952	8,128	66.5	4.4	57.4	60.3	44.7	63.6	⋯
1960	10,792	62.4	4.0	62.3	66.4	35.0	78.7	⋯
1965	12,699	58.2	3.3	65.1	69.7	24.1	81.2	5.25
1970	14,754	57.4	1.7	66.7	71.6	16.9	87.6	4.58
1975	16,223	58.2	2.4	68.3	73.4	12.6	87.1	4.25
1980	17,866	58.3	1.2	69.6	74.6	9.8	89.7	4.17
1985	19,314	59.5	2.9	70.8	75.8	6.8	91.5	4.50
1990	20,401	59.2	1.7	71.3	76.8	5.3	93.2	5.18
1995	21,357	58.7	1.8	71.9	77.7	6.4	94.4	5.34
2000	22,277	57.7	3.0	73.8	79.6	5.9	95.6	5.55
2005	22,770	57.8	4.1	74.5	80.8	5.0	97.3	6.04
2010	23,162	58.1	5.2	76.1	82.6	4.2	98.0	6.19
2015	23,492	58.7	3.8	77.0	83.6	4.1	98.6	6.06
2017	23,571	58.8	3.8	77.3	83.7	4.0	98.8	6.07

資料來源：更新自瞿宛文（2017：附表 A14，487）。

參考文獻

中華民國全國工業總會，2019，《2019 全國工業總會白皮書：對政府政策的建言》，台北：全國工業總會。https://drive.google.com/file/d/1Si2H_rNJOb9KfwF8dZY38xHvZhH8zdzP/view。

中華經濟研究院（編），1999，《1980 年代以來台灣經濟發展經驗論文集》，台北，中華經濟研究院。

朱雲鵬，1999，〈1980 年代以來自由化政策的探討〉，收錄於中華經濟研究院（編），《1980 年代以來台灣經濟發展經驗論文集》，台北，中華經濟研究院；259-308。

行政院內政部統計資訊服務網，http://www.moi.gov.tw/stat/。

行政院主計處，總體統計資料庫，中華民國統計資訊網，https://statdb.dgbas.gov.tw/pxweb/Dialog/statfile9L.asp。

行政院主計處，2019，《107 年家庭收支調查報告》，台北：主計處。

行政院財政部統計資料庫，http://www.mof.gov.tw/ct.asp?xItem=53230&CtNode=2255&mp=6。

行政院經濟部統計資料庫，https://www.moea.gov.tw/Mns/dos/content/SubMenu.aspx?menu_id=21041。

林依伶，楊子霆，2018，〈經濟成長、薪資停滯？初探台灣實質薪資與勞動生產力脫鉤之成因〉，《經濟論文》，46(2): 263-322。

林祖嘉，2018，〈全球化與自由貿易對台灣的重要性〉，全球化與新貿易保護主義研討會，3/20，http://www.tri.org.tw/trinews/doc/1070320_2.

pdf。

林常青，張俊仁，盧姝璇，2017，〈薪資停滯？事實陳述與亞洲跨國比較〉，《人文及社會科學集刊》，29(1): 87-125。

洪明皇，鄭文輝，2013，〈台灣高所得者所得份額之變化：1977-2010〉，《調查研究─方法與應用》，第 30 期；47-95。

孫克難，1999，〈1980 年代以來財政收支與財政改革〉，收錄於中華經濟研究院（編），《1980 年代以來台灣經濟發展經驗論文集》，台北，中華經濟研究院；573-637。

──，2008/09，〈賦稅改革應展現格局迎接挑戰〉，《經濟前瞻》，第 119 期；78-87。

張翔一，吳挺鋒，熊毅晰，2014/6/24，〈貧富差距創新高全球拼稅收！1% 比 99% 的戰爭〉，《天下雜誌》，第 549 期；70-91。

梶原誠，2019/8/26，〈世界經濟比想像的更依賴中國〉，《日經中文網》，https://zh.cn.nikkei.com/columnviewpoint/column/37014-2019-08-26-05-00-00.html。

莊素玉，2006/05/10，〈蒸發了的經建會〉，《天下雜誌》，第 346 期，114-119。

許甘霖，2000，〈放任與壓制之外──政治化薪資形構初探〉，《台灣社會研究季刊》，第 38 期，1-58。

許毓真（編），2017，《2017 應用生技產業年鑑》，經濟部 IT IS 計畫，新北市：生物技術開發中心。

陳良榕，2019/6/4，〈張忠謀：沒有他，就沒有台積電　誰是「台灣科技教父」？〉，《天下雜誌》網頁版，https://www.cw.com.tw/article/article.action?id=5095492。

陳信行（編），2010，《工人開基祖》，台社讀本 08，台北：台灣社會研究季刊社。

陳政亮，2010，〈社會保險的失敗：從勞基法到勞工退休金條例〉，《台灣社會研究季刊》，第 79 期，9 月，5-50。

陳美霞，2003/5/11，〈公衛體系廢功　如何防煞〉，《中國時報》時論廣場。

──，2011，〈台灣公共衛生體系市場化與醫療化的歷史發展分析〉，《台灣社會研究季刊》，第 81 期，3 月，3-78。

陳虹宇，2019/7/15，〈台灣 30 年不變，令我驚訝！〉，《今周刊》，70。

陳師孟等，1991，《解構黨國資本主義──論台灣官營事業之民營化》，台北，澄社報告之一。

陳添枝，1999，〈1980 年代以來台灣的貿易自由化〉，收錄於中華經濟研究院（編），《1980 年代以來台灣經濟發展經驗論文集》，台北，中華經濟研究院；365-411。

陳逸潔，2010，〈台灣米酒菸酒稅風波之回顧與省思〉，《經濟前瞻》，3 月號，第 128 期，64-70。

曾華璧，2008，〈台灣的環境治理 1950-2000：基於生態現代化與生態國家理論的分析〉，《台灣史研究》，15(4): 121-148。

楊金龍，2019/7/2，〈台灣資金運用的戰略思考〉，發表於「回流資金──再造產業成長契機」研討會，台北：中央銀行。

楊渡，2000/1/23-27，〈人生採訪──當代作家映象──專訪陳映真〉，王妙如紀錄整理，《中國時報・人間副刊》。

葉萬安，2019，《為什麼台灣經濟由盛而衰？70 年來經濟自由化發展經驗》，台北：天下文化。

廖彥豪，2013，〈台灣戰後空間治理危機的歷史根源：重探農地與市地改革，1945-1954〉，台灣大學建築與城鄉所碩士論文。

廖彥豪，瞿宛文，2015，〈兼顧地主的土地改革：台灣實施耕者有其田的歷史過程〉，《台灣社會研究季刊》，第 98 期，69-145。

鄭友揆，程麟蓀，張傳洪，1991，《舊中國的資源委員會 1932-1949——史實與評價》，上海：上海社會科學院。

鄭敦仁，1999，〈台灣政治民主化的經濟意涵〉，收錄於中華經濟研究院（編），《1980 年代以來台灣經濟發展經驗論文集》，台北，中華經濟研究院；215-258。

盧沛樺，2019/7/15，〈發大財的都是誰？台灣第一份財富報告解密：愈年輕愈難翻身〉，《天下雜誌》，網路版，https://www.cw.com.tw/article/article.action?id=5096030。

盧姝璇，2018，〈以數量分析方法探討台灣薪資停滯成因〉，《經濟論文》。46(4): 519-553。

聯合報，2001/11/21，〈民眾排隊買米酒是政府棄守公賣局警察局所致〉，《聯合報》。

瞿宛文，1995，〈國家與台灣資本主義的發展——評論《解構黨國資本主義》〉，《台灣社會研究季刊》，第 20 期，8 月，151-75。

——，2003，《全球化下的台灣經濟》，台北：台灣社會研究季刊社。

——，2004，〈後威權下再論「民營化」〉，《台灣社會研究季刊》，第 53 期，3 月，29-59。

——，2011，〈民主化與經濟發展：台灣發展型國家的不成功轉型〉，《台灣社會研究季刊》，第 84 期，9 月，243-288。

——，2015，〈台灣戰後農村土地改革的前因後果〉，《台灣社會研究季刊》。第 98 期，11-67。

——，2017，《台灣戰後經濟發展的源起：後進發展的爲何與如何》，中央研究院叢書，台北：聯經。

瞿宛文，安士敦，2003，《超越後進發展：台灣的產業升級策略》，朱道凱譯，台北：聯經。

瞿宛文，洪嘉瑜，2002，〈自由化與企業集團化的趨勢〉，《台灣社會研究

季刊》，第 47 期，9 月號，33-83。

蘇起，2014，《兩岸波濤二十年紀實》，台北：天下文化。

Amsden, A. H., 1994. The Specter of Anglo-Saxonization is Haunting South Korea, in L.J. Cho and Y.H. Kim (eds.), *Korea's Political Economy: An Institutional Perspective*, Boulder: Westview Press, 87-125.

Amsden, A. H., 2001. *The Rise of "The Rest": Challenges to the West from Late-Industrializing Economies*, New York: Oxford University Press.

Autor, David, 2019, Why Was the 'China Shock' so Shocking? And What Does that Mean for Policy? Peterson Institute for International Economics conference on "Combating Inequality: Rethinking Policies to Reduce Inequality in Advanced Economics", https://www.piie.com/system/files/documents/2019-10-17 s5-autor-ppt.pdf.

Cheng, Tun-jen, 1990. Political Regimes and Development Strategies: South Korea and Taiwan, in Gereffi, G. and D. Wyman (eds.), *Manufacturing Miracles: Paths of Industrialization in Latin America and East Asia*, Princeton: Princeton University Press.

Council for Economic Planning and Development, various years, *Taiwan Statistical Data Book*, Taipei: CEPD.

Evans, Peter. 1995. *Embedded Autonomy: States and Industrial Transformation*. Princeton: Princeton University Press.

Fei, John C. H., Gustav Ranis, Shirley W. Y. Kuo, 1979, *Growth with Equity: the Taiwan Case*, with the assistance of Yu-Yuan Bian, Julia Chang Collins, New York: Oxford University Press.

Hirsh, Michael, 2019/10/22, Economists on the Run, *Foreign Policy*, https://foreignpolicy.com/2019/10/22/economists-globalization-trade-paul-krugman-china/.

Hsu, Jinn-yuh, 2009, The Spatial Encounter between Neo-liberalism and Populism: Regional Restructuring under the DPP Regime in the Millennium Taiwan, *Political Geography*, 28(5): 296-308.

——, 2011, State Transformation and Regional Development in Taiwan: From Developmentalist Strategy to Populist Subsidy, *International Journal of Urban and Regional Research*, 35(3): 600-619.

Huntington, Samuel P. 1991, *The Third Wave: Democratization in the Late Twentieth Century*. Norman: University of Oklahoma Press.

IMF, 2019, *Global Financial Stability Report, October 2019*, https://www.imf.org/en/Publications/GFSR/Issues/2019/10/01/global-financial-stability-report-october-2019.

Johnson, Chalmers. 1982. *MITI and the Japanese Miracle*. Stanford, CA: Stanford University Press. 中文版：詹鶤，1985，《推動日本奇蹟的手——通產省》，姜雪影、李定健譯，台北：天下叢書。

Kim, Eun-Mee, 1997, *Big Business, Strong State: Collusion and Conflict in South Korean Development, 1960-1990*, New York: SUNY Press.

Kirby, W.C., 1990, Continuity and Change in Modern China: Economic Planning on the Mainland and on Taiwan, 1943-1958, *The Australian Journal of Chinese Affairs*, 24, July, 121-141.

Krugman, Paul, 2019/10/10, What Economists (Including Me) Got Wrong about Globalization, *Bloomberg*, https://www.bloomberg.com/opinion/articles/2019-10-10/inequality-globalization-and-the-missteps-of-1990s-economics?from=timeline&isappinstalled=0.

Lee, Yoonkyung, 2014, Global Ascendance, Domestic Fracture: Korea's Economic Transformation Since 1997, in Larry Diamond and Gi-Wook Shin (eds.), *New Chanllenges for Maturing Democracies in Korea and Taiwan*,

Stanford: Stanford University Press, 191–215.

OECD, 2017, Revenue Statistics, https://stats.oecd.org/index.aspx?DataSet Code=REV.

Piketty, Thomas, 2014, *Capital in the Twenty-First Century*, translated by Arthur Goldhammer, Cambridge, MA: Belknap Press of Harvard University Press. （他與同仁們建立了一個網站 World Inequality Database, https://wid. world/wid-world/，上有多國的資料、成果以及推估的方法。）

Setser, Brad W., 2019/10/4, Shadow FX Intervention in Taiwan: Solving a 100+ billion dollar enigma (Part 2), Blog Post by Brad W. Setser, Council on Foreign Relations, https://www.cfr.org/blog/shadow-fx intervention-taiwan-solving-100-billion-dollar-enigma-part-2?from=timeline&isapp installed=0.

The Economist, 1998/11/5. In Praise of Paranoia: A Survey of Taiwan. *The Economist*.

Thurbon, Elizabeth, 2016. *Developmental Mindset: The Revival of Financial Activism in South Korea*. Ithaca and London: Cornell University Press.

——, 2017. The Future of Financial Activism in East Asia. *New Political Economy*, October.

UNCTAD, 2019, *State of Commodity Dependence Report*, https://unctad.org/ en/PublicationsLibrary/ditccom2019d1_en.pdf, Geneva: United Nations.

Wade, Robert, 1990. *Governing the Market: Economic Theory and the Role of Government in East Asian Industrialization*, Princeton: Princeton University Press.

Woo-Cumings, Meredith (ed.), 1999. *The Developmental State*. Ithaca, NY: Cornell University Press.

World Bank, 1993. *The East Asian Miracle: Economic Growth and Public Pol-*

icy, a World Bank policy research report, published for the World Bank by Oxford University Press.

Zucman, Gabriel, 2019, Can a Wealth Tax Work? Peterson Institute for International Economics conference on "Combating Inequality: Rethinking Policies to Reduce Inequality in Advanced Economies", https://www.piie.com/system/files/documents/2019-10-18-s5-zucman-ppt.pdf.

索 引

台灣的不成功轉型：民主化與經濟發展

2020年1月初版   定價：新臺幣350元

有著作權・翻印必究

Printed in Taiwan.

著　　　者	瞿　宛　文	
叢書編輯	沙　淑　芬	
內文排版	天翼排版公司	
封面設計	沈　佳　德	
編輯主任	陳　逸　華	

出　　版　　者	聯經出版事業股份有限公司	總　編　輯	胡　金　倫
地　　　　　址	新北市汐止區大同路一段369號1樓	總　經　理	陳　芝　宇
編輯部地址	新北市汐止區大同路一段369號1樓	社　　　長	羅　國　俊
叢書編輯電話	(02)86925588轉5307	發　行　人	林　載　爵
台北聯經書房	台北市新生南路三段94號		
電　　　　　話	(02)23620308		
台中分公司	台中市北區崇德路一段198號		
暨門市電話	(04)22312023		
台中電子信箱	e-mail：linking2@ms42.hinet.net		
郵政劃撥帳戶	第0100559-3號		
郵撥電話	(02)23620308		
印　　刷　　者	世和印製企業有限公司		
總　經　銷	聯合發行股份有限公司		
發　　行　　所	新北市新店區寶橋路235巷6弄6號2樓		
電　　　　　話	(02)29178022		

行政院新聞局出版事業登記證局版臺業字第0130號

本書如有缺頁，破損，倒裝請寄回台北聯經書房更換。　ISBN　978-957-08-5460-2 (平裝)

電子信箱：linking@udngroup.com

國家圖書館出版品預行編目資料

台灣的不成功轉型：民主化與經濟發展/瞿宛文著．
　初版．新北市．聯經．2020年1月．192面．14.8×21公分
　ISBN　978-957-08-5460-2（平裝）

1.經濟發展　　2.政治轉型　　3.民主化　　4.台灣

552.33　　　　　　　　　　　　　　　　　　　108021716